ACCESO GRATIS *a la Lectura en la Nube*

Para visualizar el libro electrónico en la nube de lecture envíe junto a su nombre y apellidos una fotografía del código de barras situado en la contraportada del libro y otra del ticket de compra a la dirección:

ebooktirant@tirant.com

En un máximo de 72 horas laborales le enviaremos el código de acceso con sus instrucciones.

TEORÍAS DEL DERECHO Y FUNCIÓN JURISDICCIONAL

(Memoria del Seminario de Teoría Jurídica Contemporánea 2022)

TEORÍAS DEL DERECHO Y FUNCIÓN JURISDICCIONAL

(Memoria del Seminario de Teoría Jurídica Contemporánea 2022)

RAMÓN ORTEGA GARCÍA

(Coordinador)

tirant lo blanch

Ciudad de México, 2023

En caso de erratas y actualizaciones, la Editorial Tirant lo Blanch publicará la pertinente corrección en la página web tirant.com/mx.

Este libro será publicado y distribuido internacionalmente en todos los países donde la Editorial Tirant lo Blanch esté presente.

Esta obra pertenece a la Colección Editorial Rumbo al Bicentenario. Centro de Investigaciones Judiciales de la Escuela Judicial del Estado de México. Calle Leona Vicario núm. 301, Col. Santa Clara C.P. 50090, Toluca, Estado de México Tel. (722) 167 9200, Extensiones: 16821, 16822, 16804. Página web: http://www.pjedomex.gob.mx/ejem/

Centro de Investigaciones Judiciales de la Escuela Judicial del Estado de México

Calle Leona Vicario núm. 301, Col. Santa Clara
C.P. 50090, Toluca, Estado de México
Tel. (722) 167 9200, Extensiones: 16822, 16804, 15196 y 15178.
Página web: http://www.pjedomex.gob.mx/ejem/

Editor responsable:

Juan Carlos Abreu y Abreu
Director del Centro de Investigaciones Judiciales

Editora ejecutiva:

María Fernanda Chávez Vilchis

Equipo Editorial:

Orlando Aramis Aragón Sánchez
Jessica Flores Hernández

Diseño de portada:

Coordinación General de Comunicación Social
del Poder Judicial del Estado de México

La edición y cuidado de esta obra estuvieron a cargo del Centro de Investigaciones Judiciales del Poder Judicial del Estado de México

DISTRIBUYE: TIRANT LO BLANCH MÉXICO
Av. Tamaulipas 150, Oficina 502
Hipódromo, Cuauhtémoc,
CP 06100, Ciudad de México
Telf: +52 1 55 65502317
infomex@tirant.com
www.tirant.com/mex/
www.tirant.es
ISBN: 978-84-1197-184-3
MAQUETA: Innovatext

Si tiene alguna queja o sugerencia, envíenos un mail a: atencioncliente@tirant.com. En caso de no ser atendida su sugerencia, por favor, lea en www.tirant.net/index.php/empresa/politicas-de-empresa nuestro Procedimiento de quejas.

Responsabilidad Social Corporativa: http://www.tirant.net/Docs/RSCTirant.pdf

Autores

Jorge A. Cerdio Herrán

Juan Jesús Garza Onofre

Roberto Lara Chagoyán

Ramón Ortega García

Germán Sucar

Juan Vega Gómez

JUNTA GENERAL ACADÉMICA

Índice

PRESENTACIÓN

Como parte de las actividades encaminadas a conmemorar los doscientos años de vida del Tribunal Superior de Justicia del Estado de México, en el Poder Judicial mexiquense dimos inicio a la colección editorial *"Rumbo al Bicentenario"*, cuyo lema es *"Hacer memoria para hacer justicia"*. Entrelazando la cultura y la investigación, este conjunto de obras tiene como propósito introducir al lector en el conocimiento del Derecho y a diversos aspectos históricos, literarios, artísticos y culturales en general.

Estoy convencido de que los libros son fuente inagotable de conocimiento y la lectura un ritual permanente de capacitación para quienes se desarrollan profesionalmente como operadores de justicia. Un persona dedicada al Derecho que no lee es una persona que no está debidamente actualizada. Por eso, conscientes de la importancia que tiene la producción editorial y la lectura sobre temas jurídicos, ponemos a disposición del público en general obras de tanta valía como las "*Ordenanzas de su Majestad, Carlos III, para el régimen, disciplina, subordinación y servicio de sus ejércitos*", la cual es una disposición sobre el régimen castrense que, no obstante haber sido expedida desde el siglo XVIII, sigue vigente en nuestro país; la obra "*Qué le toca a quién*", que reúne las contribuciones del *"1er Congreso Nacional sobre Federalismo Judicial"*; "*Sentencias relevantes de la Corte Suprema de los Estados Unidos: una revisión desde la judicatura mexiquense"*, que se integra con los comentarios a veinte fallos dictados por el máximo tribunal, realizados por magistradas y magistrados del Tribunal Superior de Justicia del Estado de México; entre otras muchas obras emblemáticas.

Nuestra colección editorial *"Rumbo al Bicentenario"* es muestra del tesón y del compromiso de los integrantes del Poder Judicial mexiquense y de las y los autores que han permitido hacer realidad este anhelo. El libro que ahora se presenta no es la excepción.

A través de esta obra, nos sumergiremos en el fascinante caleidoscopio de perspectivas que abarcan desde las teorías clásicas hasta las más innovadoras, explorando las tensiones y sinergias que definen el marco conceptual del derecho. A su vez, examinaremos la función jurisdiccional, esa piedra angular que convierte las palabras de la ley en acciones concretas y justas.

Esta obra es también una invitación a la reflexión para todos aquellos que buscan entender, cuestionar y mejorar el sistema jurídico que da forma a nuestras sociedades. El lector podrá hallar en estas páginas, un diálogo abierto y enriquecedor, donde la diversidad de opiniones converge en la búsqueda constante de la verdad jurídica.

Así, les invitamos a adentrarse en este compendio de pensamiento jurídico contemporáneo, donde las teorías del derecho y la función jurisdiccional se entrelazan para iluminar el camino hacia una comprensión más profunda y matizada del derecho judicial en la sociedad moderna.

Ricardo A. Sodi Cuellar
Magistrado Presidente del Tribunal Superior de Justicia y del Consejo de la Judicatura del Estado de México.

PRÓLOGO
Itinerario iusfilosófico

Los textos reunidos en este libro derivan del I Seminario de Teoría Jurídica Contemporánea: "Teorías del derecho y función jurisdiccional", realizado por el Centro de Investigaciones Judiciales en 2022. Cada uno aborda una concepción jurídica distinta desde la cual es posible aproximarse al estudio del Derecho. Así, el lector encontrará escritos sobre aspectos puntuales de las teorías de Hans Kelsen, H. L. A. Hart, Ronald Dworkin y Luigi Ferrajoli, pero también acerca del realismo jurídico norteamericano y del constitucionalismo jurídico. Más que referirme, en estas líneas introductorias, al contenido de cada artículo en particular, voy a exponer brevemente mis reflexiones en torno a los autores detrás de las ideas. No a sus gustos, pasatiempos, o manías, cuestiones que son, obviamente, de índole estrictamente personal, sino a su condición de filósofos del derecho. Y es que los escritores que se dan cita en estas páginas no forman un grupo filosófico homogéneo; cada uno tiene intereses e inclinaciones intelectuales muy diversos. Sólo dos -Germán Sucar y Jorge Cerdio- forman una especie de mancuerna, un dúo, que evoca a la distancia a otros que ya son famosos en el universo de la Filosofía Jurídica; sin embargo, los demás trabajan en solitario. Tampoco puede decirse que todos pertenezcan a una misma generación, pues la diferencia de edades no lo permite. A decir verdad, las divergencias entre ellos exceden por mucho las convergencias o afinidades. Por ejemplo, Roberto Lara Chagoyán y Juan Jesús Garza Onofre son cercanos (o eso me parece) al pospositivismo jurídico, típico de la Escuela alicantina. En cambio, Sucar, Cerdio y

Juan Vega estarían, o eso creo advertir, más próximos al positivismo jurídico analítico, si bien los dos primeros serían herederos de la tradición de Carlos Alchourrón y Eugenio Bulygin, en tanto que Vega, por su lado, parece haber recibido la influencia preponderante de la filosofía jurídica anglosajona. Asimismo, si se analiza el origen intelectual de cada uno, destacarían también las diferencias: Lara Chagoyán y Garza Onofre estudiaron su doctorado en Alicante; en tanto que Cerdio y Sucar, en Buenos Aires, y Vega, en la UNAM. Siendo así, ¿qué es lo que tendrían en común? ¿Cuál sería el nexo, si lo hay, que los identifica? Hay algo, efectivamente, y es que todos, sin excepción, han dedicado la mayor parte de su producción a los estudios de la Filosofía del Derecho, y lo han hecho a partir de un mismo enfoque al que Bobbio denominó "Filosofía del Derecho de los Juristas", que es la que parte de la realidad o experiencia jurídica concreta y de los problemas que le son intrínsecos. Este par de rasgos abonaría a la conformación, así sea embrionaria, de una especie de cenáculo de jóvenes filósofos del Derecho que apuestan por la reflexión seria acerca del mismo objeto de estudio. Seguramente lo mejor para cada uno y para la Filosofía del Derecho en México está por venir.

Recuerdo que conocí a Jorge Cerdio en el ITAM, alma mater de la que también se graduó como Licenciado en Derecho para luego partir hacia Buenos Aires a fin de estudiar bajo la guía del profesor Ricardo Guibourg. A Germán Sucar lo encontré varios años después, también en el ITAM, durante un seminario al que se nos había convocado para exponer algunas ideas en torno a los problemas que debía encarar en el futuro la Filosofía del Derecho en México. Más tarde, ambos organizaron un coloquio sobre "Derecho y Verdad" al que amablemente me invitaron con el propósito de comentar un artículo escrito por el profesor Brian Bix. Sucar y Cerdio, como dije, han desarrollado una línea de pensamiento muy a tono con el positivismo jurídico de corte analítico que hunde raíces en la teoría de Bentham, Austin y Hart, más que en la de Kelsen, y creo que de las distintas versiones de dicha doctrina, su postura coincidiría con la del positivismo jurídico excluyente, por lo que en su concepción la existencia y contenido del Derecho dependerían exclusivamente de un conjunto de hechos sociales complejos sin que la moral desempeñe ningún papel al momento de su identificación en un tiempo y lugar determinados.

Juan Vega, por otra parte, ha hecho carrera profesional en el Instituto de Investigaciones Jurídicas de la UNAM, donde ocupa el puesto de investigador de tiempo completo. Lo conocí en el marco del XXII Congreso Mundial de Filosofía del Derecho y Filosofía Social, celebrado en Granada, en 2005. Es un hombre de ideas que siempre ha mostrado apertura y disposición para el diálogo con sus pares, aunque no comparta los mismos puntos de vista. En su producción bibliográfica hallamos textos en los que discute ideas propias de autores como Hart, Raz y Dworkin, entre otros; por varios años ha sido director de la revista *Problema. Anuario de Filosofía y Teoría del Derecho*, editada por el propio Instituto.

Asimismo, Juan Jesús Garza Onofre, el más joven de todos los autores de este libro, también se desempeña como investigador de tiempo completo en Jurídicas de la UNAM, espacio en el que ha producido varias obras de interés relacionadas con sus principales líneas de investigación, como son la enseñanza del Derecho y el estudio de las profesiones jurídicas.

Roberto Lara Chagoyán, finalmente, es un gran estudioso de la argumentación jurídica, discípulo directo del profesor alicantino Manuel Atienza y ex secretario de estudio y cuenta de la ponencia del Ministro en retiro José Ramón Cossío Díaz. Su larga estancia en el máximo tribunal del país le ha permitido construir una visión muy completa sobre el Derecho al combinar el rigor teórico con la experiencia práctica de los tribunales de justicia.

Estoy convencido de que Sucar, Cerdio, Vega, Garza Onofre y Lara Chagoyán seguirán cultivando profesionalmente la Filosofía del Derecho y su legado se verá aumentado y consolidado en los años por venir con una obra madura y reveladora. Mi agradecimiento y admiración a todos ellos.

Ramón Ortega García
Toluca, México, octubre de 2023

LA FUNCIÓN JURISDICCIONAL: UNA MIRADA DESDE UNA LECTURA DE KELSEN

Jorge A. Cerdio Herrán*

Resumen: El trabajo parte de una lectura realista o decisionista de algunas de las obras de Hans Kelsen para destacar cómo se concibe la función jurisdiccional desde una doble perspectiva: la del conocimiento del Derecho y la de la teoría del Derecho.

Palabras clave: Teoría Pura del Derecho; Hans Kelsen; función jurisdiccional; teoría general de las normas; tribunales.

Abstract: *This paper assumes a realistic or decisionism reading of some selected works of Hans Kelsen's literature to present how the adjudication function is conceptualized from a double perspective. On the one hand, how is the legal adjudication seen from Kelsen's Theory of Legal Science? On the other hand, what is the role of legal adjudication in Kelsen's Legal Theory?*

Keywords: *Pure Theory of law; Hans Kelsen; legal adjudication; general theory of norms; courts.*

---

* Profesor numerario de tiempo completo en el Departamento Académico de Derecho del Instituto Tecnológico Autónomo de México. El autor agradece a la Asociación Mexicana de Cultura, A.C. por el apoyo recibido para la elaboración del presente trabajo.

INTRODUCCIÓN

La revisión de la función jurisdiccional realizada por diferentes autores que cultivan la teoría general del Derecho tiene interés doble. De un lado, porque el quehacer de los jueces y juzgadoras ha sido central en la reconstrucción teórica del Derecho —quizás incluso en forma desmedida con relación a otros operadores jurídicos—. De otro, porque la conceptualización de lo que hacen quienes juzgan, el papel conceptual que se les atribuye y la relevancia que las teorías atribuyen a la función jurisdiccional es rara vez conocida por quienes se dedican a ejercer la función jurisdiccional. La vasta y profunda obra de Kelsen es, sin duda, teóricamente fértil para comprender la función jurisdiccional. En la segunda edición de la *Teoría Pura del Derecho,* Kelsen expone lo que él llama las funciones esenciales de la sentencia judicial en el marco de un proceso de individualización o concretización de las normas generales en incremento ininterrumpido. Para Kelsen, el tribunal establece si el caso que se le presenta tiene las condiciones que aparecen en abstracto en la norma general. Esta verificación incluye el establecimiento de la norma general aplicable al caso y ello implica, a su vez, la determinación de que hay una norma general válida que enlaza una sanción al hecho bajo juzgamiento. En otras palabras, el tribunal debe responder a una cuestión de hecho y a otra de Derecho. Después de responder a ambas cuestiones, el tribunal debe individualizar, es decir, ordenar en concreto la sanción estatuida en abstracto en la norma general.[1] Se trata de una caracterización suficientemente rica para comprender, desde una descripción teórica, el

---

1 Kelsen, H. (1960): *Reine Rechtslehre,* Viena: Franz Deuticke. Hay traducción al castellano de Roberto J. Vernengo (1979): *Teoría pura del derecho,* México: UNAM, pp. 246-247 (se cita por esta última versión).

quehacer funcional de la labor jurisdiccional. Ahora bien, es necesario introducir una advertencia contextual, a saber, que la caracterización que hace Kelsen aparece en el centro de una teoría específica sobre la naturaleza del derecho, y, en particular, que esta teoría caracteriza a la función judicial como una extensión más de la estructura escalonada de producción y aplicación de normas generales que define a un orden jurídico.

En lo que sigue me propongo exponer brevemente la concepción de la función jurisdiccional y su relevancia en el pensamiento de Hans Kelsen tomando como referencia algunos de sus escritos. Tal vez debo comenzar advirtiendo que la visión que emergerá de estas páginas resultará demasiado acotada: el pensamiento de Kelsen se desarrolló a lo largo de varias décadas en las que publicó decenas de obras. Por tanto, he de concentrarme en aquellas que, a mi juicio, permiten exponer la relevancia de la función judicial en el pensamiento de Kelsen.

Cabe añadir una segunda cautela de carácter interpretativo. Incluso el hecho de limitar el análisis a unas cuantas fuentes bibliográficas de la obra de Kelsen no garantiza que la interpretación de lo que Kelsen ha querido decir y argumentar sea uniforme para todos sus lectores de Kelsen. Adelantaré, junto con Sucar[2] y Chiassoni,[3] que hay una lectura de la obra de Kelsen, en particular de su teoría del Derecho, que implica un compromiso con la observación de la conducta efectivamente desplegada por los órganos de aplica-

---

2 Sucar, G. (2008): *Concepciones del derecho y de la verdad jurídica*, Madrid: Marcial Pons, pp. 185 y *ss.*

3 Chiassoni, P. (2009): *L'indirizzo analitico ne la filosofía del diritto. Da Bentham a Kelsen*, Turín: Giappichelli. Hay traducción al castellano de Félix Morales Luna (2017): *La tradición analítica en la filosofía del derecho. De Bentham a Kelsen*, Lima: Palestra, cap. VI (citado por la versión en castellano).

ción y de ejecución de las normas individuales. Se trata de una visión que se contrapone a la lectura más formalista de Kelsen. El atractivo que, a mi modo de ver, tiene una lectura en clave realista (o decisionista) para los lectores que ejercen la función jurisdiccional es que refleja adecuadamente una percepción que he podido apreciar en mis años como docente de impartidores de justicia: que el ejercicio de la función jurisdiccional siempre requiere el conocimiento de las normas positivas que determinan el caso, pero, al mismo tiempo, exige un constante registro de las decisiones de los otros órganos de impartición de justicia (particularmente, los superiores) y de las autoridades ejecutoras con las que dialogan en formas y modos orientados al logro de la eficacia de sus sentencias.

Dicho esto, también considero que muchos impartidores de justicia operan como Kelsen presenta a los científicos del Derecho en algunas de sus tareas, particularmente en la de resolver la indeterminación de la norma superior hacia la inferior, y que en ello va implicada la forma en que quienes juzgan encaran las indeterminaciones por los defectos de los textos normativos, los conflictos entre normas, las lagunas del Derecho y los denominados métodos interpretativos.

He creído conveniente, por tanto, hacer un rescate de la función judicial —y de su relevancia— también desde la perspectiva de la ciencia del Derecho que Kelsen perfiló en su ideal de pureza metodológica.

En otras palabras, más allá de la caracterización antes apuntada que hace Kelsen sobre la función esencial de la sentencia judicial, interesa averiguar el modo en que la actividad jurisdiccional puede ser reconstruida, estudiada, descrita y sistematizada. Desde otro ángulo, también interesa preguntarse qué papel juega la función judicial en la comprensión teórica del Derecho.

A ese respecto, Kelsen distingue entre el conocimiento del Derecho —o, más precisamente, la ciencia del Derecho— y el objeto de la ciencia del Derecho. Ahora bien, en la medida en que este objeto ha de ser producto de una reconstrucción teórica, es más preciso decir que Kelsen distingue entre una teoría del conocimiento jurídico y una teoría del Derecho.[4] Interesa, pues, mostrar el papel que juega el quehacer de los órganos de administración de justicia tanto desde la perspectiva del conocimiento jurídico (I) como desde el punto de vista de la teoría del Derecho (II).

I. LA JURISDICCIÓN COMO OBJETO DEL CONOCIMIENTO JURÍDICO

Kelsen toma a la dogmática jurídica como modelo de su reflexión acerca del conocimiento científico. Su propuesta metodológica es la recomendación de las pautas que ha de seguir la dogmática jurídica para que su quehacer se considere científico, puro y desprovisto (y distinto) del quehacer político, ideológico o moral. Kelsen propone una metodología para el quehacer de la dogmática jurídica centrada en una labor que describe y reconstruye un orden de normas coherentemente, y presenta de manera sistemática el material jurídico.[5] El producto de la tarea sistematizadora, científica, de la dogmática jurídica son enunciados jurídicos que describen normas jurídicas. Los enunciados jurídicos pueden ser simples porque reconstruyen en forma directa una conducta a la que se le imputa una sanción impuesta por un órgano facultado a ese respecto: «Debe ser la sanción

4 Kelsen, H. (1960): *Reine Rechtslehre, op. cit.*, pp. 83-84, y 203-208.

5 Chiassoni, P. (2017): *La tradición analítica en la filosofía del derecho. De Bentham a Kelsen, op. cit.*, 477.

A, cuando B, por el órgano facultado X». También puede haber enunciados complejos, como los que involucran a la dogmática constitucional: «Si el congreso democráticamente electo ha dictado una norma N conforme al procedimiento constitucionalmente determinado P, y N estatuye que debe castigarse la conducta B con la pena A, y si el tribunal competente en el caso C ha decretado que una persona específica "s" ha incurrido en la conducta B, entonces el tribunal debe aplicar la pena A determinada por la norma N».[6] Por otro lado, Kelsen concibe dos formas diferentes de teorizar el derecho desde la ciencia jurídica, según el tipo de perspectiva y de normas de las que se ocupen los enunciados jurídicos.

En efecto, el objeto de la ciencia jurídica (el Derecho) lo constituyen las normas jurídicas. La teoría de la ciencia del Derecho que se encarga de describir el Derecho como un sistema de normas válidas se denomina teoría estática, mientras que la teoría de la ciencia del derecho que se encarga de describir al derecho como el proceso jurídico de producción y aplicación de normas —el derecho en movimiento— se denomina teoría dinámica. Ambas teorías apuntan a normas jurídicas, pero también a la descripción de actos de conducta humana.[7]

Es preciso no perder de vista que el objeto de los enunciados jurídicos de ambas teorías —la teoría estática y la teoría dinámica— son las normas jurídicas. Kelsen sostiene que estas también se ocupan de describir la conducta humana, aunque sea de manera indirecta. Que la ciencia del Derecho se interese por la conducta humana de manera indirecta quiere decir que describe las normas producidas por la conducta humana, las normas aplicadas me-

---

6 Kelsen, H. (1960): *Reine Rechtslehre, op. cit.*, pp. 247-248.

7 *Ibídem,* pp. 83 y 285.

diante actos humanos y acatadas, también mediante actos humanos. No olvidemos que ambas teorías describen normas jurídicas, expresión que en la teoría de Kelsen quiere decir: normas que existen, normas válidas, normas eficaces y necesariamente obligatorias.[8] En especial, la propiedad de una norma individual es su eficacia y la propiedad de que un orden normativo sea, en general, eficaz es la cuestión que interesa para identificar y analizar el quehacer tanto de la judicatura como de la ciencia del Derecho en su doble vertiente: la de la teoría estática (1) y la de la teoría dinámica (2).

1. La jurisdicción como objeto de la teoría estática

Los jueces, magistrados y otros órganos de aplicación de normas que podemos denominar jurisdiccionales — tan solo para distinguirlos de los órganos administrativos, que también son productores de normas individuales y aplicadores de normas generales— son objeto del conocimiento jurídico, es decir, del estudio de la ciencia del Derecho.

Desde la perspectiva de la teoría estática, la ciencia del Derecho describe y reconstruye las normas válidas de un orden jurídico en concreto en un momento determinado. El orden jurídico incluye tanto a las normas generales como a las individuales, de modo que la descripción de las normas válidas incluirá la del quehacer jurisdiccional, en la medida en que ese quehacer produce normas válidas. Ello así por-

---

8 Se trata de una confusión conceptual que puede ser disipada diferenciando los sentidos de la expresión «existencia» y «validez» de una norma. *Cfr.* Bulygin, E. (1991): «Sentencia judicial y creación del derecho» en Carlos Alchourrón y Eugenio Bulygin, *Análisis lógico y derecho,* Madrid: Centro de Estudios Constitucionales, pp. 363 y ss.

que todas las normas generales requieren ser individualizadas. La labor jurisdiccional debe establecer «si, en concreto, se ha producido el hecho que la norma general determina en abstracto, y, en ese caso concreto, [si] tiene que imponerse un acto coactivo concreto».[9]

Las normas generales producidas típicamente por los órganos legislativos y las normas individuales son el objeto del estudio de la teoría estática.

También formarían parte del objeto de estudio de la teoría estática las normas generales creadas por los órganos jurisdiccionales en aquellos órdenes jurídicos en los que exista la autorización para que algún órgano jurisdiccional cree una norma general. Se trata de los casos en los que un tribunal —típicamente, de última instancia— tiene competencia y está facultado en determinadas circunstancias para resolver un caso cuya solución será vinculante para otros órganos. En términos simples, es lo que Kelsen denomina la creación de normas generales mediante el precedente judicial.[10]

Ahora bien, las normas generales e individuales válidas son el producto, en general,[11] de la aplicación de normas

---

9 Kelsen, H. (1960): *Reine Rechtslehre*, *op. cit.*, p. 242. Aunque, en sentido estricto, para Kelsen la norma individual solo se encuentra en la parte dispositiva de la sentencia.

10 *Ibídem*, p. 259.

11 Decimos «en general» por el interesante caso que considera Kelsen en el que hay una autorización del tribunal para resolver un caso sin que exista un orden normativo previo; es el tipo de sistema de la «libre creación del Derecho» que Kelsen atribuye a Platón. *Cfr.*, *ibídem*, 260. Contemporáneamente, no hay un sistema equivalente al imaginado por Platón, sin embargo, un sistema con un altísimo grado de indeterminación sería parecido. Tal es el caso del sistema de admisión de las demandas civiles en los Estados Unidos de América, que genera una indeterminación general en torno a qué pretensiones pueden ser llevadas a juicio. Ello así porque pueden entablarse demandas en una pluralidad de supuestos que vuelve indeterminado,

generales que determinan el modo de creación —típicamente, el procedimiento— de otras normas. El estudio de los procesos de creación de normas corresponde a la teoría dinámica del derecho, que conviene ahora analizar en relación con la jurisdicción.

2. *La jurisdicción como objeto de la teoría dinámica*

Para Kelsen, el rasgo principal del Derecho es que regula su propia creación. La teoría dinámica tiene como objeto las normas que regulan el proceso jurídico, es decir, el proceso en virtud del cual el Derecho se produce y aplica (incluido el acatamiento o ejecución): «el derecho en movimiento».[12]

Las normas generales son, las más de las veces, producidas por la legislación o por la costumbre. Para que esas normas generales sean aplicadas debe haber ciertas normas que regulen la actuación de los órganos competentes de aplicación de normas. Desde la perspectiva de la teoría dinámica, la judicatura es estudiada como el conjunto de normas que regulan quién actúa como tribunal o como funcionario judicial (el individuo) y en qué condiciones su conducta ha de imputarse al órgano que personifica, así como las normas que determinan el procedimiento a través del que se ejerce la función jurisdiccional. De este modo, el estudio

---

ex ante, qué conflictos son admisibles en juicio: 1) cuando así lo autorice una ley general (*statute*); 2) cuando lo autorice expresamente un precedente establecido; 3) cuando hay una analogía sólida entre el caso que se pretende llevar a juicio y los dos supuestos anteriores (ley y precedente establecido), o 4) cuando existe un argumento sólido capaz de convencer al juzgador de que la pretensión del actor merece ser planteada en un juicio. *Cfr.* Maxeiner, J. R. (2006): «Legal Indeterminacy Made in America: Us Legal Methods and the Rule of Law», *Val. UL Rev.*, 41, p. 517.

12 Kelsen, H. (1960): *Reine Rechtslehre, op. cit.*, pp. 83-84.

de la jurisdicción es el estudio de las normas que establecen esos órganos, los procedimientos que deben observar y el contenido de las eventuales normas individuales producidas en esos procedimientos judiciales.[13] Dicho conjunto de normas es el objeto directo de los enunciados de la ciencia del Derecho en su perspectiva dinámica en lo que hace a la descripción de la función jurisdiccional.

Hemos dicho que la conducta humana solo interesa como objeto indirecto a la ciencia del Derecho. Los enunciados de la ciencia del Derecho en perspectiva dinámica describirán la conducta de ciertos individuos que producen normas positivas y constatarán si la conducta de ciertos individuos —órganos, partes en el proceso, etcétera— se corresponde con la conducta debida establecida en las normas. En el primer caso, estamos ante un hecho positivo de la conducta humana cuyo sentido objetivo —porque se corresponde con una norma que lo determina en su sentido debido— es la producción de una norma general o individual. En el segundo caso, se trata de la indicación de que una norma es eficaz. Analicemos con más detalle ambos casos para entender mejor el modo en la que la conducta de los órganos judiciales es, también, objeto indirecto de la teoría dinámica del conocimiento jurídico.

El enfoque dinámico comporta la observación de los cambios en un intervalo de tiempo, esto es, los procesos jurídicos de creación, aplicación y acatamiento de normas que han ocurrido en un lapso determinado.

En relación con la función jurisdiccional,[14] se trata de registrar en enunciados jurídicos qué procedimientos de

---

13 *Ibídem*, p. 242.

14 Desde luego, la observación de los procesos de creación y aplicación del Derecho en un periodo de tiempo debería incluir a todos los órganos productores, aplicadores o ejecutores de normas jurídicas.

creación de normas individuales fueron, de hecho, usados por los órganos jurisdiccionales: no solamente qué procedimientos, sino cuántas veces fueron utilizados.[15] Aunado a lo anterior, habría que incluir los procedimientos jurídicos que terminan con la anulación, por inválida, de una norma jurídica.

Para Kelsen la anulabilidad de las normas generales o individuales por parte de los órganos jurisdiccionales es también un ejemplo de aplicación de normas mediante procedimientos regulados jurídicamente. Debemos recordar que «anulable» solamente quiere decir —para Kelsen— que hay un procedimiento previsto en el orden jurídico para tachar de inválida una norma (individual o general).[16] El registro de todas las normas individuales (sentencias) o generales anuladas —i.e. las normas tachadas de inválidas— en un período de tiempo por los órganos jurisdiccionales competentes formará parte del conocimiento del Derecho desde su perspectiva dinámica. También formará parte de aquella descripción la conducta de los sujetos de Derecho en cuanto a sujetos participantes del proceso de anulación de las normas. Piénsese, por caso, cuántos recursos de apelación, de reposición de procedimiento y de amparo directo o indirecto se han interpuesto en México por particulares en un lapso, impugnaciones que eventualmente produjeron una sentencia de anulación de alguna norma jurídica. Pero en la descripción del aspecto

---

15 Se trata de una tarea, la de describir esos procesos en un lapso de tiempo, que resulta técnicamente costosa. Quizás, con el advenimiento de más herramientas de las ciencias de datos sea posible describir el derecho desde el enfoque dinámico. Un ejemplo de dichas herramientas, relativas solamente a la producción legislativa, puede encontrarse en el trabajo de Katz y sus colegas. Véase Katz, D. M., Coupette, C., Beckedorf, J., *et al*, (2020): «Complex Societies and the Growth of the Law», *Sci. Rep.*, 10. Disponible en: <https://doi.org/10.1038/s41598-020-73623>.

16 Kelsen, H. (1960): *Reine Rechtslehre*, *op. cit.*, p. 275.

dinámico del Derecho en un lapso también han de incluirse los casos en los que no se inició el proceso de anulación de las normas jurídicas, en otras palabras, los casos en los que los particulares no interpusieron el procedimiento establecido para controvertir la validez de alguna norma jurídica.

Debemos tener en cuenta que el resultado de una descripción —o reconstrucción— del cambio del orden jurídico en un intervalo de tiempo no es un producto acabado que recibe el científico, el dogmático, del Derecho. Por el contrario, se trata de una serie de datos, información y materiales que debe reconstruir empleando el método propuesto por Kelsen. El resultado de la aplicación de dicho método será una visión dinámica coherente, completa y escalonada de los procesos jurídicos. Así, por ejemplo,[17] si por caso hubiera una contradicción entre normas que prescriben procedimientos excluyentes, que presentan una incompatibilidad entre alguna de sus condiciones de aplicación o que ordenan concurrencia de más de un órgano competente, entonces el trabajo de la ciencia del Derecho consistirá en disolver tales contradicciones por la vía de la interpretación: «Mas como el conocimiento del Derecho, como todo conocimiento, tiene que pensar conceptualmente su objeto como un todo dotado de sentido [...] parte del supuesto de que los conflictos normativos que aparezcan dentro del material normativo que le es dado (o más concretamente: que le es propuesto) pueden y tienen que ser resueltos por vía de interpretación».[18]

---

17 Como bien supone Pierluigi Chiassoni, seguramente hay un mayor número de operaciones para transformar el material normativo que es propuesto a la ciencia del Derecho en un producto acabado dotado de las propiedades que Kelsen exige al conocimiento jurídico. *Cfr.* Chiassoni, P. (2009): *L'indirizzo analitico ne la filosofía del diritto, op. cit.*, p. 483.

18 Kelsen, H. (1960): *Reine Rechtslehre, op. cit.*, p. 215 (el énfasis nos pertenece).

Incluso si no es posible realizar una reconstrucción del material normativo, la función jurisdiccional interviene para generar una norma individual que determine que, al no haber norma, no hay deber a cargo de alguna de las partes, un supuesto análogo al de las lagunas, pero cuyo origen es una disposición legislativa defectuosa. En efecto, se trata de dos supuestos límites en los que no hay margen alguno para interpretar en forma coherente el sentido del acto productor de normas. El primero tiene lugar cuando en una misma ley hay disposiciones contradictorias entre sí que no admiten ser presentadas en enunciados jurídicos descriptivos que los hagan compatibles.[19] El segundo caso se produce cuando la ley contiene palabras sin sentido, es decir, donde no hay ninguna atribución de sentido posible.[20]

Al igual que en el ejemplo de los conflictos entre normas, otro tanto sucederá con las supuestas lagunas en el derecho; las cuales son ficticias para Kelsen. La jurisdicción presta un servicio particular al denominado ideal de completitud del sistema jurídico, pues a través de la adjudicación sirve para reiterar en cada caso la completitud del ordenamiento.[21] De un lado, es útil recordar que todo acto de aplicación de normas conlleva un margen de discrecionalidad del aplicador, incluso cuando el órgano jurisdiccional sigue la norma superior para crear la norma individual. Podemos decir, entonces, que hay tres casos en los que el órgano jurisdiccional crea una norma individual. El primer caso se explica porque la norma individual siempre incorpora contenidos creados por el aplicador como consecuencia de la inevitable

---

19 *Ibídem*, 215.

20 *Ibídem*, 216.

21 En este punto nos remitimos al análisis ya clásico de Alchourrón y Bulygin. *Cfr.* Alchourrón, C. y Bulygin E. (1974): *Introducción a la metodología de las ciencias jurídicas y sociales*, Buenos Aires: Astrea, cap. IX.

indeterminación de la norma superior. Dicho en otros términos, la jurisdicción interviene para determinar la concreción necesaria del contenido de la norma superior dentro del marco de interpretación de esta.[22] El segundo caso se da cuando la norma individual señala que una conducta no está prohibida (no regulada) y, por tanto, permite expresamente esa conducta.[23] El tercer caso tiene lugar cuando el tribunal debe rechazar la demanda fundándose en que el orden jurídico no contiene una norma general que asista al actor.[24] Un cuarto caso es aquel en el que no hay una norma superior general que sirva de apoyo para la creación de una norma individual y el órgano de aplicación usa una norma general de justicia que acepta como válida.[25] Pensemos en la creación de precedentes por parte de órganos como las cortes supremas o los tribunales constitucionales cuando crean un precedente.

En síntesis, puede afirmarse que la conducta de los órganos de jurisdicción forma parte indirecta del objeto de estudio de la ciencia jurídica en su perspectiva dinámica, en conjunción con las normas que regulan el procedimiento jurídico de producción, aplicación y ejecución de normas jurídicas durante un período de tiempo determinado.

---

22 «La norma de grada superior regula [...] el acto mediante el cual se produce la norma de grada inferior, o regula el acto de ejecución [...] Esta determinación, sin embargo, nunca es completa. La norma de rango superior no puede determinar en todos los sentidos el acto mediante el cual se la aplica. Siempre permanecerá un mayor o menor espacio de juego para la libre discrecionalidad [...]». *Cfr.* Kelsen H. (1960): *Reine Rechtslehre, op. cit.*, p. 350.

23 «Esta teoría es errada, puesto que reposa en la ignorancia del hecho de que cuando el orden jurídico no estatuye ninguna obligación a cargo de un individuo, su comportamiento está permitido». *Cfr. Ibídem*, 255.

24 *Cfr. Ibídem*, 256.

25 *Cfr. Ibídem*, 261.

Lo dicho hasta aquí se ha vertido desde la perspectiva de la teoría del conocimiento jurídico de Kelsen. Ahora es tiempo de analizar la función jurisdiccional como un componente de la teoría del Derecho en Kelsen.

II. LA JURISDICCIÓN COMO ELEMENTO DE LA TEORÍA DEL DERECHO

Lo que para Kelsen define a un orden jurídico es el principio dinámico de derivación de normas: el principio en virtud del cual una norma de competencia determina la creación de otra norma con independencia de su contenido.[26] El principio de derivación dinámico se opone al principio de derivación estático, por la cual una norma se deriva de otra norma en forma lógica a partir de su contenido. Hemos visto que en un ordenamiento jurídico una norma es anulable cuando existe un procedimiento que atribuye competencia a un órgano para que en ciertas circunstancias anule una norma —sea general o particular—. La existencia de procedimientos para anular normas presupone —entre otras posibilidades— que una norma jurídica puede no deducirse de la norma superior y que, por ello, es susceptible de ser anulada. Pero hasta que sea anulada, el hecho de que norma haya sido creada por un órgano competente es suficiente para que sea válida. En otras palabras, el principio dinámico de creación de normas prevalece sobre el principio estático. El principio dinámico de derivación de las normas supone que hay una o un grupo de normas de competencia que son eficaces en general para la producción de otras normas. Ello significa que existen órganos autorizados a aplicar sanciones, de tal forma que, al crear una norma individual que sanciona, asumen la validez de las normas generales que aplican, incluidos los

---

26 *Cfr. Ibídem*, 203-08.

fundamentos últimos, los procedimientos por los que dichas normas generales han sido creadas. El principio de legitimidad, según el cual una norma solo debe ser establecida por el órgano competente, facultado a ese efecto por otra norma superior, está limitado por el principio de efectividad,[27] esto es, por el hecho de que las primeras normas de competencia son asumidas como válidas y efectivamente empleadas para la producción de otras normas.

La creación de una norma individual es el resultado de la aplicación de otra norma superior que determina su contenido.[28] Dicho en otras palabras, los conceptos de creación y aplicación del Derecho son relativos y correlativos. La aplicación de una norma es relativa a otra norma que regula el procedimiento de aplicación —órgano y condiciones de aplicación— y determina su contenido. Por su parte, todo acto de creación de una norma es correlativo al acto de aplicación de la norma que determina la producción.[29] Ambas características forman parte de la conceptualización del orden jurídico como un orden jerárquico de la conducta humana, a modo de una estructura escalonada (*Stufenbaulehre*).[30] Interesa analizar dos pares de conductas

---

27 *Ibídem*, p. 282.

28 Kelsen, H. (1945): *General Theory of Law and State*, Cambridge: Harvard University Press (trad. Anders Wedberg), p. 122.

29 Kelsen, H. (1934a): *Reine Rechtlehre. Einleitung in dit Rechtsuhsemchaftliche Problematik*, Vienna, Franz Deuticke. Hay traducción al inglés de Bonnie Litschewski Paulson y Stanley L. Paulson (1992): *Introduction to the Problems of Legal Theory*, Clarendon: Oxford University Press, p. 64 (se cita por esta última versión).

30 La concepción del orden jurídico con una estructura escalonada se debe a Adolf Julius Merkl e influyó la obra de Kelsen como ha demostrado Paulson. Véase Paulson, Stanley L. (2013): «How Merkl's Stufenbaulehre Informs Kelsen's Concept of Law», *Revus*, 21, Disponible en: <http://journals.openedition.org/revus/2727>, DOI: https://doi.org/10.4000/revus.2727. Consultado el 25 de junio de 2022.

posibles de los órganos jurisdiccionales: (1) la conducta conforme a lo determinado por la norma en la grada superior; y (2) la conducta no conforme a lo determinado por la norma en la grada superior.

1. La conducta jurisdiccional conforme a una norma superior

La función de la jurisdicción es dar respuesta a la pregunta sobre la legalidad o la constitucionalidad de otras normas generales o particulares. Los órganos judiciales son los que determinan si la producción normativa corresponde a la norma superior que establece la forma de producción y también, eventualmente, su contenido.

En un primer escenario, el órgano judicial que crea una norma individual —la sentencia judicial— crea Derecho porque la sentencia no es más que la continuación del proceso de producción del Derecho.[31]

Esto quiere decir que en cada acto de creación de normas individuales por parte el órgano judicial se lleva a cabo la comprobación de que la norma o el grupo de ellas que determinan la creación de la norma individual son, a su vez, válidas, es decir, que han sido producidas conforme a la constitución. No se trata de que en cada sentencia se haga un examen de la constitucionalidad de las normas aplicadas como si se tratase de un recurso expresamente creado para revisar la constitucionalidad de las normas. Lo que sostiene Kelsen es que, incluso si hay órganos especializados para la revisión de la constitucionalidad —y eventual anulabilidad— de una norma jurídica, la revisión de la creación conforme a la ley superior y a la constitución se lleva al darse por supuesta en la creación de la sentencia

---

[31] Kelsen, H. (1960): *Reine Rechtslehre, op. cit.*, p. 248.

judicial.[32] En toda sentencia, el órgano de aplicación elige las disposiciones jurídicas aplicables al caso; al hacerlo, asume constitutivamente que son válidas, es decir, que han sido creadas conforme al procedimiento establecido en la constitución. Y al hacer tal suposición, el órgano de aplicación también asume que las normas de competencia y de procedimiento que fueron aplicadas para la creación de las normas generales que ahora aplicará al caso concreto son válidas. Finalmente, al asumir lo anterior, el órgano de aplicación está suponiendo que el sentido subjetivo del acto por el que se instauraron las primeras normas constitucionales históricas que han dado lugar a una sucesión de producciones normativas hasta los días presentes es válido. Esto equivale a sostener que los órganos jurisdiccionales presuponen la norma fundante básica. En palabras de Kelsen: «(¿quién presupone la norma fundante básica?) quienquiera que interprete el sentido subjetivo del acto constituyente y de los actos cumplidos conforme con la constitución, como su sentido objetivo, es decir, como normas objetivamente válidas».[33]

Al igual que la suposición constante de la validez de las normas generales de la cadena de producción normativa en cada acto de producción de normas individuales (sentencias), el uso de las normas de procedimiento jurídico por parte de los órganos judiciales hace referencia a la eficacia general de esas normas.

---

32 Esto es lo que quiere decir Kelsen cuando afirma: «A veces las constituciones contienen disposiciones que impiden que los tribunales y los órganos administrativos examinen la constitucionalidad de las leyes que deben aplicar. Esta limitación, con todo, sólo es posible hasta cierto grado». *Cfr. Ibídem*, 278.

33 *Ibídem*, 213, nota al pie 122.

Ahora bien, el proceso de individuación de las normas generales no solo comporta la identificación de las normas aplicables, sino también la determinación de su aplicabilidad al caso concreto. Dicho de otro modo, cuando el órgano jurisdiccional ha verificado que hay una norma general válida que enlaza al hecho dado una sanción, deberá, además, establecer si en el caso concreto se aplican las condiciones abstractas establecidas por la norma general que ha considerado válida.

Dado que, según Kelsen, la sentencia tiene un carácter constitutivo tanto en la determinación de la cuestión de Derecho como en la cuestión de hecho, la operación de concreción, a saber, la determinación de que las condiciones abstractas están instanciadas en los hechos del caso cobra particular interés. Ello es así porque, para Kelsen, los hechos solo ingresan en el dominio del derecho cuando son determinados por el órgano de aplicación.

Kelsen distingue la existencia del hecho y la actividad de establecer el hecho (*fact-finding*) y sostiene que solo la segunda —y no la primera— es la condición a la que la norma enlaza una sanción.[34] Así, no es el hecho del robo el que constituye la condición de la aplicación de la pena de prisión, sino la actividad de establecer el hecho del robo por parte del órgano judicial la que constituye la condición a la que la norma penal anuda la pena de prisión. Para Kelsen, desde un punto de vista epistemológico no hay cosas o eventos, sino solo cosas o eventos en la conciencia humana. Por ello, los autores de la norma general no pudieron establecer cosas o eventos a los que les enlazaron una con-

---

34 Kelsen, H. (1979): *Allgemeine Theorie der Normen*, Viena: Manz. Hay traducción al inglés de Michael Hartney, *General Theory of Norms*, Nueva York: Oxford University Press, 1991, p. 129 (versión por la que se cita).

secuencia. Los legisladores expresaron el contenido de su conciencia en enunciados sobre cosas o eventos. Lo que han hecho los legisladores, eso sí, es determinar el sujeto cuya creencia en que el evento ha ocurrido será la condición de cierta consecuencia.[35] En este caso, la condición de la aplicación es la creencia del órgano judicial competente. En este sentido, la determinación de los hechos es constitutiva en la sentencia judicial. De ello se sigue que puede suceder que el enunciado que afirma que un sujeto ha cometido el hecho delictivo sea falso y al mismo tiempo que se halle al acusado culpable en virtud de la creencia del órgano judicial de que sí cometió el delito que se le imputa. La norma individual que condena a ese inocente será anulable si existe otra norma que establezca un procedimiento en virtud del cual otro órgano de aplicación de normas pueda revisar lo actuado en juicio para decidir si la norma individual debe ser anulada. En caso contrario, la norma individual que condena a la persona a partir de la creencia del órgano judicial será cosa juzgada y, por tanto, norma válida a todos los efectos jurídicos.

En conjunto, los órganos judiciales crean normas individuales que, junto a las normas generales, forman parte del Derecho. El proceso de creación de una norma individual implica la aplicación de una norma general. En la identificación de la norma general aplicable al caso, el órgano judicial asume la validez de tales normas, así como las normas en la que esa se funda —o de la que proviene—. Se trata del modo en que cobran sentido las normas constitucionales. Por otra parte, en el proceso de aplicación de una norma general, el órgano judicial ha de determinar la concreción de las condiciones abstractas de la norma en el caso concreto. Esta operación de concreción, determinar implica una

35 *Ibídem.*

función constitutiva con relación a los hechos. En rigor, las normas que determinan el proceso jurídico de creación de normas solo establecen que la actividad de determinación de los hechos por parte del órgano competente es condición suficiente para la aplicación de la sanción. Finalmente, el órgano judicial ha de establecer la sanción individual en la parte dispositiva de la sentencia, y ahí termina el proceso determinativo, constitutivo y especificador de la función judicial. Como un elemento de la *Teoría Pura del Derecho*, la función judicial es un eslabón más de la cadena de producción de normas generales, y la actividad productora de normas individuales es la que da sentido a todas las normas constitucionales de procedimiento y competencia.

La función judicial también juega un papel relevante en la determinación de la legalidad, la constitucionalidad y el cambio de la norma fundante básica; para ello, es menester examinar la función judicial cuando realiza actos de producción de normas contrarios a la norma superior que los determina.

2. *La conducta jurisdiccional que no es conforme a una norma superior*

La función judicial juega un papel en la inevitable determinación de la norma superior durante el proceso de creación de la norma individual. En relación con la aplicación de una norma superior cabe ahora detallar que esta es solo un marco de posibilidades, todas ellas equiparables y disponibles para el intérprete. Que una decisión judicial se haya basado en la ley solo quiere decir que se ha realizado un acto de aplicación dentro del marco de posibilidades existentes a partir de esa ley, esto es, que la norma individual creada es una de muchas posibles. Las posibilidades que analiza Kelsen son las siguientes: la interpretación de un texto a partir de la eventual existencia de más de un significado posible (ambigüedad), la indeterminación por oscuridad (vaguedad), la indeterminación por una discreción delegada intencionalmente por el autor de la norma, la ordenación de jerarquía entre dos normas para determinar cuál excepciona a cuál y la elección del método de interpretación que ha de priorizarse en un caso (i.e. cuando hay más de un método aplicable con resultados contrarios, p.ej. *a contrario sensu* frente a la analogía).[36] En rigor, el intérprete puede presentar la creación de la norma inferior conforme a lo que determina la norma superior como mejor crea y pueda técnicamente.

Por lo tanto, en el supuesto de que una norma individual —o de manera más amplia, cualquier norma aplicada o producida— no corresponda con la norma superior, Kelsen hace referencia a cuatro situaciones. La primera es que una norma ha sido sujeta a un procedimiento jurídico en virtud del cual otro órgano de aplicación decreta su anulación; en ese caso, hemos de decir que la norma anulada no fue creada conforme a la determinación de la norma superior. El segundo caso tiene lugar cuando el sujeto, el órgano encargado de crear la norma individual —o, lo que es lo mismo, de aplicar la norma general— no corresponde con el sujeto cuya conducta subjetiva ha de corresponder con el sentido objetivo de un acto normativo. Es decir, el individuo no tiene la calidad de órgano jurisdiccional y, sin embargo, ha creado una norma individual. Si no existe un procedimiento por el que esa norma creada por un órgano incompetente o por alguna persona que no tenga la función orgánica sea anulada, entonces, si esa norma es efectivamente acatada es eficaz, y Kelsen dirá

---

36 Kelsen, H. (1934b): «Zur Theorie der Interpretation», *Internationale Zeitschrift für Theorie des Rechts*, vol. 8, pp. 9-17. Hay traducción inglesa: «On the Theory of Interpretation», *Legal Studies*, 10, 2, julio-1990, pp. 127-135 (citado por esta última versión).

que es válida. El tercer caso se relaciona con las autoridades ejecutoras. Cuando una autoridad ha de ejecutar una norma individualizada, no lo hace, y no existe una sanción por la no ejecución de la norma individualizada contra el órgano de ejecución, la renuencia a ejecutar la norma individualizada es eficaz y entonces diremos que la norma es válida. El cuarto caso tiene que ver con la conducta de los órganos supremos,[37] aquellos cuyo proceso de creación de normas no es revisable porque no hay otros órganos constitucionalmente facultados para determinar si ese proceso se corresponde con la norma de grada superior. Para esos órganos hay dos situaciones, ambas equivalentes a un cambio de las normas positivas que se basan en el supuesto fundante, esto es, la primera constitución histórica. La primera situación se da cuando se controvierte la competencia de un órgano productor de normas. Kelsen lo ejemplifica con el caso de que un usurpador —y no el parlamento llamado a ello por la constitución— promulgue una ley obligatoria. En esa situación, si el órgano jurisdiccional límite no se pronuncia sobre la anulabilidad de la ley del usurpador y esas normas generales se hacen eficaces, entonces se produce una modificación revolucionaria de la constitución. Puede ocurrir que se trate de una enmienda revolucionaria parcial: tal es el caso cuando una sentencia es contraria a la constitución pero es ejecutada y, por ello, ha adquirido eficacia. Piénsese en el caso de un tribunal colegiado en el que se vota contra una sentencia y, sin embargo, esta publica como si se hubiera votado a favor. Así, la sentencia es ejecutada y, por ello, cobra eficacia.

Pero la situación anterior no es sino un ejemplo de un caso más general. Que un órgano —legislativo, administrativo o gubernamental— se revele como supremo quiere decir que «las normas por ellos implantadas son eficaces en tér-

---

37 Kelsen, H. (1960): *Reine Rechtslehre*, *op. cit.*, p. 282.

minos generales».[38] Si las normas que ellos implantan son en general eficaces, la norma que los faculta a establecer esas normas es «presupuesta como constitución válida».[39]

De lo expuesto interesa destacar dos aspectos de la teoría del Derecho de Kelsen, en la función jurisdiccional es clave para su conceptualización del Derecho.

Por un lado, toda la estructura escalonada del orden jurídico que se rige por el principio dinámico de creación de normas descansa necesariamente en la conducta humana de quienes operan como órganos jurisdiccionales. Son esos órganos los que producen normas individuales (que son parte del Derecho) y, al hacerlo, determinan (dentro de un marco de posibilidades) lo que establece la norma de grada superior. Y si el orden jurídico es precisamente definido a partir del proceso dinámico de producción y aplicación de normas entre gradas de distinto nivel, se sigue que solo mediante la observación y registro de lo que efectivamente realicen los órganos jurisdiccionales, puede identificarse un orden jurídico. Pero en esta identificación Kelsen exige que el principio de legitimidad esté supeditado al de efectividad. La existencia de un orden jurídico requiere la existencia de órganos supremos: órganos jurisdiccionales —pero también pueden ser de otro orden— cuyas normas sean generalmente eficaces.

Por otro lado, Kelsen atribuye a la función jurisdiccional de los órganos supremos como instancias de ejecución el mismo efecto que el de un cambio revolucionario, dado que con su conducta efectiva pueden determinar total o parcialmente los cambios en los fundamentos últimos de validez del orden jurídico.

---

38 *Ibídem.*

39 *Ibídem* (el énfasis nos pertenece).

III. CONCLUSIÓN

La función jurisdiccional, vista desde la perspectiva de Hans Kelsen, ofrece una visión profunda y matizada del papel del derecho en la sociedad. A través de una lectura realista y decisionista de sus obras, se destaca que Kelsen concibe la función jurisdiccional no solo como un mero mecanismo de resolución de conflictos, sino también como una entidad que tiene la tarea de interpretar, aplicar y en ciertos casos, crear derecho.

La dualidad entre el conocimiento del Derecho y la teoría del Derecho subraya la complejidad inherente a la función jurisdiccional. Por un lado, se espera que los jueces y tribunales tengan un profundo conocimiento y comprensión del derecho existente. Por otro lado, también se espera que ejerzan su juicio en la interpretación y aplicación de esas leyes.

BIBLIOGRAFÍA

Alchourrón, C. y Bulygin E. (1974): *Introducción a la metodología de las ciencias jurídicas y sociales,* Buenos Aires: Astrea.

Bulygin, E. (1991): «Sentencia judicial y creación del derecho», en Carlos Alchourrón y Eugenio Bulygin, *Análisis lógico y derecho,* Madrid: Centro de Estudios Constitucionales.

Chiassoni, P. (2009): *L'indirizzo analitico ne la filosofía del diritto. Da Bentham a Kelsen,* Torino, Editorial Giappichelli. Traducción castellana de Félix Morales Luna (2017): *La tradición analítica en la filosofía del derecho. De Bentham a Kelsen,* Lima: Palestra (citado por la versión castellana).

Katz, D.M., Coupette, C., Beckedorf, J. *et al.* (2020): «Complex societies and the growth of the law». *Sci. Rep.*, 10. 18737. Disponible en: <https://doi.org/10.1038/s41598-020-73623-x>.

Kelsen, H. (1934a): *Reine Rechtlehre. Einleitung in dit rechtsuhsemchaftliche Problematik.* Viena: Franz Deuticke. Traducción inglesa de Bonnie Litschewski Paulson y Stanley L. Paulson (1992): *Introduction to the Problems of Legal Theory,* Clarendon: Oxford University Press (citado por la versión en inglés).

Kelsen, H. (1934b): «Zur Theorie der Interpretation», *Internationale Zeitschrift* für *Theorie des Rechts,* 8, pp. 9-17. Traducción inglesa: «On the Theory of Interpretation", *Legal Studies,* 10, 2, julio-1990, pp. 127-135 (citado por la versión en inglés).

Kelsen, H. (1945): *General Theory of Law and State,* traducción de Anders Wedberg, Cambridge: Harvard University Press.

Kelsen, H. (1960): *Reine Rechtslehre,* Viena: Franz Deuticke. Traducción castellana de Roberto J. Vernengo (1979): *Teoría pura del derecho,* México: UNAM (citado por la versión castellana).

Kelsen, H. (1979): *Allgemeine Theorie der Normen.* Viena: Manz. Traducción inglesa de Michel Hartney, (1991): *General Theory of* Norms, Nueva York: Oxford University Press (citado por la versión en inglés).

Maxeiner, J. R. (2006): «Legal Indeterminacy Made in America: US Legal Methods and the Rule of Law», *Val. UL Rev.*, 41, pp. 517-590.

Paulson, Stanley L. (2013): «How Merkl's Stufenbaulehre Informs Kelsen's Concept of Law», *Revus,* 21, Disponible en: <http://journals.openedition.org/revus/2727>. DOI: https://doi.org/10.4000/revus.2727.

Sucar, G. (2008): *Concepciones del derecho y de la verdad jurídica.* Madrid: Marcial Pons.

EL CONCEPTO DE DERECHO DE HERBERT L. A. HART: UN BALANCE A POCO MÁS DE SESENTA AÑOS DE SU PUBLICACIÓN

Ramón Ortega García*

Resumen: Publicada por primera vez en 1961, la principal obra de H.L.A. Hart ha pasado a la historia de las ideas filosófico-jurídicas como una de las máximas contribuciones jamás realizadas, comparable sólo a la *Teoría Pura del Derecho* de Hans Kelsen. Más de sesenta años después, sin embargo, es preciso preguntarse si las tesis más emblemáticas que fueron expuestas en *El concepto de Derecho* siguen vigentes a la luz de la realidad que representa el Estado constitucional contemporáneo.

Palabras clave: reglas, principios, regla de reconocimiento, convencionalismo, discrecionalidad judicial, derrotabilidad.

Abstract: *First published in 1961, the main work of H.L.A. Hart already has a place in the History of Legal Thought as one of the greatest contributions of all times, comparable only to Hans Kelsen's The Pure* Theory of Law. However, *more than sixty years after the publication of* The Concept of Law, *it seems necessary to raise the question if the most important ideas therein exposed are still sound in the context of the contemporary Constitutional State.*

* Poder Judicial del Estado de México.

Keywords: *Rules, Principles, Rule of Recognition, Conventionalism, Judicial Discretion, Defeasibility.*

SUMARIO: I. PROPÓSITO. II. HART, EN POCAS TESIS. III. EL BALANCE, SESENTA AÑOS DESPUÉS. IV. CONCLUSIÓN. BIBLIOGRAFÍA.

I. PROPÓSITO

En este texto pretendo hacer una síntesis y valoración de la obra más destacada de Herbert Lionel Adolphus Hart, en cuanto expresión máxima del positivismo jurídico analítico de la segunda mitad del siglo XX. En el primer apartado resumiré su teoría del Derecho en unas pocas tesis, procediendo luego a efectuar el balance que a mi juicio merece, tomando como referencia la realidad jurídica del Estado constitucional contemporáneo.

II. HART, EN POCAS TESIS

En la que es considerada la mejor biografía del célebre jurista inglés, su autora, Nicola Lacey, prodiga palabras de elogio hacia el *opus magnum* del filósofo oxfordiano, *The Concept of Law* (1961)[1] pues afirma contumaz que fue recibida como una contribución original de jurisprudencia analítica que llevó a la disciplina a una nueva era, más pujante.[2]

El libro, afirma Lacey, desde que vio la luz, ha vendido más de ciento cincuenta mil ejemplares y continúa vendiendo varios miles de copias año tras año, habiendo sido tra-

---

1 Hart, H. L. A., *The Concept of Law*, Clarendon Press, Oxford, 1961.

2 Lacey, Nicola, *A Life of H. L. A. Hart. The Nightmare and the Noble Dream*, Oxford University Press, 2004, pp. 223 y ss.

ducido a múltiples idiomas, incluyendo el alemán, italiano, español, noruego, japonés y chino.

> "It remains 40 years after its publication, the main point of reference for teaching analytical jurisprudence and, along with Kelsen's The Pure Theory of Law and General Theory of Law and State, the starting point for jurisprudential research in the analytical tradition".[3]

Lo cierto es que el libro, publicado originalmente por *Clarendon Press* de la Universidad de Oxford, y del cual hay dos ediciones más: la segunda, de 1994, que incluye el célebre *Postscriptum* dedicado a responder las críticas de Ronald Dworkin, y la tercera, de 2001, cuya única novedad es contar con un prólogo del profesor Leslie Green, ha cautivado a los estudiosos del Derecho de gran parte del mundo, sobrepasando las fronteras de los países de tradición anglosajona, a cuyos lectores iba dirigido en un principio.

¿A qué obedece tal éxito arrollador? Podemos pensar en varias razones, algunas de las cuales son destacadas por Lacey en la biografía mencionada. Evoco tres, que, a mi modo de ver, son las más notables: primero, la obra de Hart hace una revisión y crítica contundente a la filosofía jurídica inglesa más conspicua del siglo XIX, cuyos protagonistas fueron los dos grandes juristas de la época, Jeremy Bentham y John Austin. De hecho, la teoría hartiana se construye como un enfoque totalmente innovador, luego de que en los primeros tres capítulos del libro acometiera la demolición del pensamiento de Austin, reduciéndolo a cenizas. Es la de Hart, en este sentido, una teoría revolucionaria que representa un nuevo comienzo. Segunda razón: el propósito de Hart fue sentar las bases de una teoría del Derecho tanto general como descriptiva, esto es,

---

3 *Ibíd.*, p. 224.

general, en el sentido de que sirviera para explicar todos los sistemas jurídicos sin importar su adscripción a una tradición o a otra, e incluso sin que fuese óbice su vigencia, y descriptiva, porque su finalidad no consistía en decir cómo debía ser un sistema jurídico en particular de acuerdo con ciertos parámetros ideales, sino en describir cómo es realmente en un tiempo determinado, o sea, la teoría debía centrarse en el Derecho *como es* y no en el Derecho que *debería ser*, que es la divisa fundamental del positivismo jurídico, al que Hart pertenece; esta teoría, general y descriptiva, incorporaba, desde el punto de vista metodológico, el peso de la filosofía analítica oxfordiana, principalmente de John L. Austin, y al tiempo en que Hart escribía —finales de los años cincuenta—, ese enfoque filosófico estaba en pleno apogeo en Inglaterra y en otros países europeos; y tercera razón, que no es la menos importante, la teoría de Hart tenía como objetivo descubrir lo que creía que era la clave del fenómeno jurídico, es decir, aquello que hacía del objeto llamado "Derecho", eso, y no otra cosa distinta; para exponerlo en términos metafísicos, a Hart le interesaba dilucidar la naturaleza del Derecho y esta última, para él, consistía en ver a un sistema jurídico maduro como la unión de reglas primarias y secundarias, aspecto sobre el que volveré más adelante. Bueno, pero si ahora quisiéramos reunir en unas pocas tesis el núcleo del pensamiento de Hart, al menos tal como nos lo legó en su mayor libro, yo abonaría las siguientes:

1. A diferencia de Austin, el Derecho no se reduce al conjunto de órdenes dirigidas por el soberano de una comunidad política a sus súbditos, ni la autoridad de aquél proviene de un hábito de obediencia como cuestión de facto; no, el Derecho es un asunto de reglas, de ahí que sea importante dilucidar, primero, qué sea una regla (*rule*) en general, y luego, una regla jurídica (*legal rule*) en particular: pues bien, decir que un grupo social tiene por regla cierta

conducta (*i.e.* ceder el paso a los peatones o el asiento a las damas) no es lo mismo que afirmar que esa conducta sea un mero hábito: la principal diferencia es que aquélla entraña la idea de que la conducta en cuestión es debida o de que debe hacerse; según este enfoque, por tanto, la noción de regla va de la mano del hecho de que la conducta regulada deja de ser una opción a cargo de la persona y se convierte en obligatoria.

Con base en lo anterior, Hart traza la distinción entre dos clases de fenómenos sociales: la existencia de un hábito por parte de los miembros de un grupo dado, de un lado, y la presencia de una regla social, del otro. Si bien ambos comparten un elemento común, que es el hecho de que la conducta respectiva se repite de manera general, los dos se distinguen conforme a tres rasgos salientes, a saber: 1) para que un hábito exista es suficiente la convergencia de la conducta a cargo de los miembros del grupo, y cuando alguno de ellos se aparta de dicha regularidad por cualquier motivo, no hay propiamente una reacción social en contra de esa persona; en cambio, para efectos de la regla no basta con que se dé esa convergencia ni siquiera una identidad en la conducta, sino que es menester que las desviaciones sean vistas como faltas susceptibles de crítica, y que las amenazas de desviación sean objeto de presión por parte de los demás miembros para lograr la conformidad; 2) en el caso de las reglas, pero no en el de los hábitos, el incumplimiento es considerado como una buena razón de la crítica o reproche que se hace a la persona que las infringe, y esa crítica es tenida por legítima o justificada, lo mismo que las demandas de conformidad ante las amenazas de desviación; y 3) tanto las reglas como los hábitos comparten un "aspecto externo", que es la conducta general que la mayoría del grupo repite a lo largo del tiempo y que un observador imparcial puede registrar y describir, pero es una característica exclusiva de las reglas el "aspecto interno", consistente en cierta actitud asumida por al menos algunos individuos al tomarlas como estándares o guías de su conducta y de la de los demás; esta actitud crítico-reflexiva equivale a tratar a la conducta regulada como debida y suele expresarse con ayuda del lenguaje normativo en oraciones similares a estas: "Deberías dar los buenos días", "Tienes que dejar hablar a los mayores", "Está prohibido fumar dentro del salón de clases", etcétera. En algunas ocasiones, Hart se refiere a esta actitud frente a las reglas en términos de su "aceptación" como pautas o estándares obligatorios. Dice que en la medida en que una determinada regla sea generalmente aceptada por el grupo, podremos afirmar que la regla existe, con lo cual la aceptación viene siendo la primera y más importante condición de la existencia de una regla social. Esta idea de aceptación es uno de los puntos centrales de la teoría de Hart y volveré sobre ella en repetidas ocasiones a lo largo de los próximos párrafos.

2. El Derecho de una comunidad consiste en reglas del tipo descrito, si bien en un sistema jurídico moderno no todas deben su origen y existencia a una práctica social de aceptación; es decir, no todas son reglas sociales. Por ejemplo, las reglas que son creadas por vía legislativa existen desde que la persona o grupo de personas autorizadas para hacerlo las emiten, pero la regla suprema que confiere autoridad o poder al primer legislador sí tiene que existir en razón de que es generalmente aceptada y no porque haya sido dictada por alguien más. Esta última es la llamada regla de reconocimiento del sistema jurídico en cuestión. La existencia de dicha regla fundamental es una práctica social compleja que abarca tanto a las autoridades del sistema como a los ciudadanos ordinarios. Hart lo expresa del siguiente modo:

> "Plainly, general acceptance is here a complex phenomenon, in a sense divided between official and ordinary

> citizens, who contribute to it and so to the existence of a legal system in different ways. The officials of the system may be said to acknowledge explicitly such fundamental rules conferring legislative authority: the legislators do this when they make laws in accordance with the rules which empower them to do so: the courts when they identify, as laws to be applied by them, the laws made by those thus qualified, and the experts when they guide the ordinary citizens by reference to the laws so made. The ordinary citizen manifests his acceptance largely by acquiescence in the results of these official operations. He keeps the law which is made and identified in this way, and also makes claims and exercises powers conferred by it".[4]

La regla de reconocimiento de un sistema jurídico cumple la función de establecer los criterios que permiten identificar lo que en una comunidad determinada cuenta como Derecho válido. Pensando en el caso de nuestro país, la regla de reconocimiento puede establecer que todo lo que dicte el congreso federal —en el ámbito de su competencia— ha de contar como Derecho, lo mismo que todo lo que dicten las legislaturas locales en su respectivo territorio. De esta manera, la regla de reconocimiento estipula que las leyes dictadas por tales órganos son Derecho válido en México, pero también les confiere autoridad para hacerlo, lo que significa que tienen la facultad de expedir leyes y otro tipo de normas generales y de hacerlas valer. Dice Hart que la aceptación de una regla de este tipo es lo que explica que el Derecho creado por esa vía persista a lo largo del tiempo, sin importar que los hombres y mujeres que integran el congreso y las legislaturas de los Estados dejen de ocupar su puesto o perezcan. Lo anterior nos conduce a la idea de que un sistema jurídico desarrollado como los que Hart tiene en mente es algo realmente complejo que merece mayor

---

4 Hart, H. L. A., *The Concept of Law, ob. cit.*, pp. 59-60.

atención. Por eso, a diferencia de otras explicaciones o teorías que pretenden ver en el Derecho un único modelo de normas, nuestro autor introduce la tesis de que en un sistema jurídico moderno conviven dos clases diferenciadas de reglas: las llamadas básicas o primarias, que imponen cierta acción u omisión como obligatoria, y las secundarias, que son, respecto de las primeras, parasitarias, ya que su existencia se justifica sólo en conexión con ellas. Dice Hart:

> "Under rules of the one type, which may well be considered the basic or primary type, human beings are required to do or abstain from certain actions, whether they wish to or not. Rules of the other type are in a sense parasitic upon or secondary to the first".[5]

La diferencia entre unas reglas y otras estriba en su función. Las primarias establecen obligaciones; las secundarias no. Pero antes de ahondar en la diversidad de funciones que cumplen estas últimas, Hart se detiene en el análisis de las reglas del primer tipo. A este respecto, ¿qué significa decir que alguien tiene la obligación de hacer ∅? Hay enfoques que aseguran que tener la obligación de hacer ∅ es lo mismo que afirmar que la persona se sintió intimidada o amenazada pues creyó que si no hacía ∅, sufriría algún daño o consecuencia negativa. Pero esta teoría, más ocupada en las creencias o motivos del sujeto, confunde lo que es "verse obligado a hacer ∅" y "tener la obligación de hacerlo". Y tampoco es lo mismo decir que alguien tiene la obligación de hacer ∅ y el enunciado que predice que esa persona, si no hace ∅, probablemente sufrirá un mal o sanción en contra. ¿Por qué? Porque es posible que alguien esté obligado a actuar de cierta manera y, pese a ello, no haya ninguna probabilidad de que sea sancionado o castigado si desobedece. Tener una obligación, en cambio, presupone la exis-

---

5 *Ibídem*, pp. 78-79.

tencia de una regla, si bien no todas las reglas (existentes o imaginarias) imponen obligaciones. Las reglas de etiqueta, por ejemplo, establecen como "debido" que los hombres que asisten a una cena de gala vistan esmoquin, o reglas del lenguaje que prohíben decir "*fuistes*", pero sería impropio afirmar que tales reglas imponen obligaciones en el sentido estricto de la palabra; por tanto, la pregunta es: ¿en qué casos estamos realmente en presencia de una obligación impuesta por una regla? Hay tres condiciones que deben satisfacerse, *i.e.*: a) la exigencia general de conformidad es insistente y la presión social sobre aquellos que se desvían o amenazan con hacerlo es grande; b) las reglas protegidas por esta presión social son consideradas importantes porque resultan necesarias para la conservación de la vida en sociedad, y c) la conducta exigida por este tipo de reglas, aunque claramente beneficie a otros, entra en conflicto con los intereses y deseos de la persona obligada. Las reglas que cumplen con estas tres características pueden ser de variada índole, incluyendo las consuetudinarias, las morales y las jurídicas, y la diferencia entre ellas radica en el tipo de presión social que se ejerce en contra de los infractores: así, en el caso de las reglas del Derecho, la presión social ejercida corre a cargo de un aparato institucionalizado que impone sanciones coactivas por la infracción de conductas previstas como delitos en la ley. Sin embargo, en el caso de las reglas de la costumbre o de la moral, la presión suele provenir directamente de los miembros de la sociedad en forma de críticas o reproches, por lo que tiende a ser más difusa y menos centralizada.

Ahora bien, en un sistema jurídico moderno, según dije, al lado de las reglas primarias, Hart identifica a las secundarias, que para él son de tres tipos: a) reglas de cambio, b) reglas de adjudicación y c) la regla de reconocimiento. Las reglas de cambio indican el modo en que las primarias pueden ser modificadas, o bien creadas o extinguidas; establecen, dicho de otro modo, el procedimiento legislativo de creación de leyes. De adjudicación son las que determinan el proceso por el cual las reglas primarias deben aplicarse a los casos concretos para dirimir conflictos entre particulares o entre éstos y la administración pública. Y la regla de reconocimiento, de la que me ocuparé con más detalle en el siguiente inciso, es la que sienta los criterios de validez con base en los cuales se identifican las reglas primarias de obligación como parte del Derecho. La incorporación de las reglas secundarias, según Hart, es lo que marca la transición de un modelo "pre-legal", formado exclusivamente por reglas primarias, hacia uno de carácter jurídico *propio vigore*.

No es exagerado afirmar que la teoría de Hart sobre las reglas primarias y secundarias y la tesis de que la unión de ambas constituye la quintaesencia del Derecho, representa una superación de las perspectivas anteriores que reducían el fenómeno jurídico a un único tipo de normas. Kelsen es el ejemplo más destacado, pues incluso el otro gran exponente de la doctrina iuspositivista de la segunda mitad del siglo XX, Alf Ross, trazó la distinción entre dos clases de normas, las de conducta y las de competencia, si bien ésta fue precaria pues las segundas no eran más que normas de conducta en sentido indirecto.[6] Pero el autor de la *Teoría Pura del Derecho* incurría en un reduccionismo injustificado al afirmar que sólo existen las normas independientes cuya

---

[6] *Cfr.* Ross, Alf, *On Law and Justice,* Stevens & Sons, Londres, 1958. En palabras del filósofo escandinavo: "The norms of law may be divided according to their immediate content into two groups, norms of conduct and norms of competence or procedure. The first group includes those norms which prescribe a certain course of action... The second group contains those which create a competence (power, authority) —they are directives to the effect that norms which come into existence in conformity with a declared mode of procedure shall be regarded as norms of conduct. A norm of competence is thus an indirectly expressed norm of conduct" (p. 32).

formulación canónica es: "*Si A es, debe ser B*", donde A es el supuesto que representa a la conducta ilícita y B, la consecuencia legal, que es la sanción coactiva; es decir, en la teoría de Kelsen, una norma independiente diría: "*Si una persona priva de la vida a otra en tales o cuales circunstancias, debe ser sancionada con X años de cárcel*". Sólo que, entonces, ¿dónde quedan las normas que, por decir algo, regulan el procedimiento penal y las garantías procesales del acusado? Para Kelsen, todas ellas deberían entenderse como implícitamente incluidas en el supuesto de la norma independiente.[7] Siguiendo el ejemplo anterior, la norma que castiga el homicidio, enunciada de manera correcta y completa, diría algo como lo siguiente: "*Si una persona priva de la vida a otra en tales o cuales circunstancias, y si el acusado ha sido sometido a un juicio respetando el debido proceso y las formalidades esenciales del procedimiento, y si el juez de la causa lo ha encontrado culpable con base en las pruebas ofrecidas por el ministerio público, etcétera, entonces esa persona debe ser sancionada con pena de X años de cárcel*"; con lo cual, Kelsen ha reducido la variedad de normas que solemos hallar en un ordenamiento jurídico a una sola categoría, ganando poco en claridad e incurriendo en ese reduccionismo injustificado al que ya me referí. Frente a este modelo, el mérito de Hart, desde mi punto de vista, es haber devuelto autonomía a las reglas que cumplen otro papel distinto al de sancionar conductas, como el de conferir poderes, competencias o facultades a ciertos sujetos para crear y aplicar las normas sustantivas, reforzando el carácter dinámico del Derecho, es decir, la capacidad que posee de regular su propia producción, y esto es un gran "salto" hacia adelante que ha permitido a la ciencia jurídica avanzar en el estudio del fenómeno jurídico.

---

7 *Cfr.* Kelsen, Hans, *The Pure Theory of Law*, traducción del alemán de Max Knight, University of California Press, Berkeley, 1967, pp. 54 y ss.

3. De entre los diferentes tipos de reglas secundarias, Hart concede especial atención a la regla de reconocimiento, la cual, como dije, tiene la función de establecer los criterios de validez utilizados para identificar como Derecho a las reglas primarias de obligación. Digamos que la regla de reconocimiento fija el repertorio de fuentes autoritativas de las que "brotan" las normas, así como la prelación entre dichas fuentes: por ejemplo, la legislación por encima de los precedentes y éstos por encima de la costumbre. Normalmente, la regla de reconocimiento existe sin que tenga que ser expresamente formulada, pero si pensamos en un sistema jurídico como el nuestro, y queriendo hallar una formulación acertada de dicha regla, podríamos creer que su enunciado sería algo como esto: "*Las leyes dictadas por el Congreso de la Unión en ejercicio de la competencia que le confiere la Constitución Política de los Estados Unidos Mexicanos, y siempre que no contravengan los derechos humanos reconocidos por ella y por los tratados internacionales suscritos por México, serán Derecho mexicano válido*". En realidad, la regla de reconocimiento puede ser más compleja que ésta, pero el ejemplo que antecede es suficiente para ilustrar el papel que desarrolla al interior del sistema jurídico. De acuerdo con Hart, hay algunas características básicas que distinguen a dicha regla de entre todas las demás, a saber: a) es una regla social, lo que significa que su existencia obedece, no a un acto expreso de legislación, sino a la aceptación de la misma por parte de autoridades y ciudadanos; ello se demuestra mediante el uso que de tal regla hacen al identificar las normas válidas del sistema jurídico; b) es una regla que no ha sido formulada expresamente, por lo que sería incorrecto identificarla con alguna norma escrita como pudiese ser la Constitución del país de que se trate; y c) es una norma última, en el sentido de que no es válida ni inválida, pues es ella la que establece los criterios de validez del sistema, incluido el criterio supremo, como pudiese ser, en el caso mexicano, el de que

las leyes y demás normas respeten los derechos humanos reconocidos en la Constitución y en los tratados internacionales de los que México es parte. En el fondo, la regla de reconocimiento mantiene similitudes y diferencias con la norma básica de Kelsen (*Grundnorm*). Son similares porque ambas cumplen la función de conferir validez a las demás normas del sistema y son, en el mismo sentido, normas *últimas*, es decir, normas cuya existencia se determina, no por referencia a ninguna otra superior, sino en base a un hecho: la regla de reconocimiento, de que sea aceptada y utilizada para reconocer a las reglas primarias; la norma básica, de que las demás que derivan de ella su validez, incluyendo la primera Constitución histórica, sean eficaces en términos generales. Pero las diferencias entre ambas también son importantes, pues en Kelsen la norma básica es una norma hipotética, una norma meramente pensada, mientras que la regla de reconocimiento es una especie de convención seguida principalmente por las autoridades del sistema.[8]

---

[8] Donde ha quedado de manifiesto con claridad la naturaleza convencional de la regla de reconocimiento es en el *Postscriptum* de 1994: Hart traza aquí la distinción entre dos tipos de prácticas sociales: el consenso por convención, manifestado en las reglas convencionales del grupo, y el consenso por convicción independiente, expresado en las prácticas concurrentes de sus miembros. Según Hart, las reglas son prácticas convencionales si la conformidad general de todos o de la mayoría es una las razones que sus miembros (en lo individual), tienen para aceptarlas; en cambio, las prácticas meramente concurrentes, como la moral socialmente compartida, están formadas, no por convención, sino por el hecho de que los individuos tienen, y actúan, por las mismas aunque independientes razones. Afirma Hart que la regla de reconocimiento es una práctica del primer tipo, esto es, una especie de regla consuetudinaria judicial que existe sólo si es aceptada y practicada en las actividades de identificación y aplicación del derecho por parte de los tribunales. *Cfr.* Hart, H. L. A., "Postscript", en *The Concept of Law,* 2a ed., editado por Penelope A. Bulloch y Joseph Raz, Clarendon Press, Oxford, 1994, pp. 238-276; pp. 255 y ss.

Detrás de la naturaleza de cada una, además, yace la influencia filosófica recibida tanto por Kelsen como por Hart, cada uno por su cuenta: Kant y la escuela neokantiana, en el caso del primero, y el realismo de Hobbes y el empirismo de Hume, en el del segundo.

4. Una vez que el Derecho es considerado como un sistema de reglas primarias y secundarias, Hart defiende la tesis de que es posible asumir frente a él dos puntos de vista diferentes: el interno y el externo.

> "When a social group has certain rules of conduct, this fact affords an opportunity for many closely related yet different kinds of assertion; for it is possible to be concerned with the rules, either merely as an observer who does not himself accept them, or as a member of the group which accepts and uses them as guides to conduct. We may call these respectively the 'external' and the 'internal points of view'".[9]

A grandes rasgos, el punto de vista externo es aquel que adoptan quienes, desde la distancia, se limitan a observar el comportamiento de los miembros de la sociedad que viven conforme a las reglas; digamos que es el punto de vista del sociólogo o antropólogo que correlaciona unos hechos con otros, es decir, correlaciona ciertos comportamientos (*i.e.* robar o matar) con ciertas consecuencias (*i.e.* sanciones o castigos); en el discurso del observador externo no existen valoraciones, sino que todo es una descripción objetiva y neutral. El punto de vista interno, en cambio, pertenece a quienes, dentro del grupo, aceptan y usan las reglas como pautas o estándares de conducta obligatorios para regir su propia conducta y la de los demás, y lo hacen por razones de variada índole. Lo interesante es que ambos puntos de

---

9 Hart, H. L. A., *The Concept of Law, ob. cit.*, p. 86.

vista dan paso a dos tipos de enunciados bien diferenciados: enunciados externos, por un lado, y enunciados internos, por el otro. Los primeros son puramente descriptivos, siendo por consiguiente verdaderos o falsos. Un enunciado externo sería, a manera de ejemplo, el que afirmara que en el Derecho mexicano vigente hay una regla que sanciona el delito de feminicidio con una pena de cincuenta años de cárcel. Los enunciados internos, a su vez, sostienen lo que debe hacerse conforme a cierta norma del sistema que es válida porque cumple con los criterios establecidos por la regla de reconocimiento. Un enunciado interno, según esto, sería aquel que afirmara: "*Es debido que las autoridades jurisdiccionales se excusen de conocer un asunto en los que están impedidos por mandato de ley*", y ante la pregunta de por qué eso es debido, la respuesta del aceptante sería: "*Porque así lo dispone el Derecho*".

Del punto de vista externo es preciso distinguir una variante menos extrema que la indicada anteriormente a la que algunos han llamado "hermenéutica",[10] en el sentido de que la persona que lo asume no se limita a conectar unos hechos con otros, sino que en su descripción toma en cuenta el punto de vista interno de los aceptantes de las reglas sin que por eso lo asuma también; es un punto de vista externo moderado que emplea el jurista que cultiva la teoría del Derecho propuesta por Hart. Un ejemplo de este tipo de enunciados diría: "*Los jueces mexicanos interpretan las normas sobre derechos humanos conforme al parámetro de convencionalidad integrado por el Pacto de San José de Costa Rica y los demás tratados internacionales porque lo consideran obligatorio*". Ahora bien, aunque los tres puntos de vista con sus respectivos enunciados son comúnmente utilizados frente a un mismo

---

10 *Cfr.* MacCormick, Neil, *H. L. A. Hart,* Edward Arnold, Londres, 1981, pp. 37 y ss.

sistema de reglas, el interno tiene prioridad sobre los otros dos; la razón es que si no hubiese aceptantes —que suelen ser los jueces, legisladores y demás autoridades que siguen y observan las normas por considerarlas obligatorias—, no habría Derecho como tal.

5. De acuerdo con Hart, el sistema jurídico de reglas primarias y secundarias que se ha descrito agota el concepto de Derecho. Un ciudadano común y corriente, deseoso de saber si cierta conducta suya es obligatoria o está prohibida, acude a un especialista que le ayude a buscar la respuesta en el entramado de reglas primarias. Si no la encuentra, es decir, si ninguna regla primaria del sistema hace de esa conducta su objeto de regulación, entonces se entiende que la acción u omisión es jurídicamente irrelevante y, por tanto, está permitida. Puede suceder que haya una regla primaria que, aparentemente, sea aplicable a la conducta en cuestión, pero existan dudas en cuanto a si lo es o no dado que los términos en que está formulada son poco claros, dudosos, ambiguos o vagos. Y esta es una realidad del lenguaje general con el que se expresa el Derecho, cuya importancia hizo notar Hart. Los términos que emplean las reglas para dirigir la conducta humana tienden a ser indeterminados, cubren cierto espectro de casos sin atisbo de vacilación, pero en otros media la duda; la pregunta que en ellos impera es: ¿el caso C queda cubierto por la regla R? El núcleo del problema es que hay un límite inherente del lenguaje natural que usan las reglas del Derecho para regular todos los casos posibles con todas sus aristas o circunstancias particulares. Esta cualidad del lenguaje es lo que Hart denomina "textura abierta" y se encuentra presente dondequiera que haya reglas que regulen el comportamiento humano empleando términos de clase, por lo que no es algo privativo del Derecho. Ahora bien, la textura abierta de las reglas jurídicas supone que hay casos fáciles en los que resultan claramente aplicables o no, y casos difíciles en los que emer-

ge la controversia en torno a si los hechos bajo juzgamiento quedan o no cubiertos por ellas. Y es en estos contextos de incertidumbre en los que el juez debe ejercer su discreción para decidir en un sentido o en otro. Digamos que aquí, el Derecho enmudece al no existir una respuesta clara obtenible a partir de la interpretación literal de la regla o de algún otro método interpretativo. Es mucha la bibliografía escrita alrededor de este tema; sin embargo, el punto central es el siguiente: en un caso dudoso, sostiene Hart que el juez encargado de resolverlo debe hacer una elección entre diversas alternativas. ¿De qué dependerá la respuesta? Según nuestro autor, del propósito, finalidad o *telos* de la propia regla. Por ejemplo, la ley municipal que prohíbe la entrada de vehículos de motor al parque puede tener como finalidad mantener el espacio seguro y evitar accidentes. Desde esta perspectiva, es claro que los autos, camiones y motocicletas estarán vedados, pero ¿pasará lo mismo con el carrito eléctrico de un niño? Ocurre entonces que la persona en cuyas manos esté decidir si permite o no la entrada del carrito tendrá que confrontar el propósito inicial de la regla prohibitiva (*i.e.*, preservar la tranquilidad y seguridad en el parque) contra el interés o derecho de los niños a la recreación, diversión o esparcimiento. La respuesta no es sencilla y se basará, en última instancia, en una elección; por lo demás, la respuesta no podrá ser sino casuística, pues cada caso tendrá sus propias particularidades. Para Hart, sin embargo, lejos de que esto sea un aspecto negativo de cómo operan las reglas en la práctica, viene a ser una necesidad basada en el hecho de que el hombre, poseedor de una capacidad limitada para prever el futuro, nunca podrá crear reglas tan perfectas que den respuesta por anticipado a todos los problemas de la realidad social: el ideal del formalismo legalista (como el representado por la escuela de la exégesis) de expedir códigos que regulasen todas las conductas imaginables ha sido superado por irrealizable.

Mas tampoco deberíamos caer en el extremo opuesto, el del realismo norteamericano de las primeras décadas del siglo XX, y pensar que las reglas son inútiles para decirnos qué hacer en ciertas circunstancias. Formalismo y escepticismo respecto de las reglas son, en opinión de Hart, extremos igualmente viciosos de la teoría jurídica: son el Caribdis y el Escila del Derecho.

Ahora concentrémonos en los llamados casos dudosos o difíciles, aunque su tipología sea amplia y variada. El tipo de caso difícil que Hart tiene en mente es el que comparte ciertos elementos o aspectos del caso estándar, pero otros están ausentes o tiene elementos de más, por lo que existe la duda de si la norma que lo controla debe o no aplicarse. El problema, cabe precisarlo, no se resuelve por vía interpretativa, pues los términos de la regla son suficientemente claros. En cambio, para resolver si la norma cubre o no el caso dudoso, de acuerdo con Hart, habría que contrastar el fin que persigue la disposición a la luz de las circunstancias especiales que lo rodean y finalmente elegir. Esta decisión, si bien es subjetiva, no tiene por qué ser arbitraria, en el sentido de que no esté apoyada en razones; es decir, la decisión que se tome no será el resultado de lanzar una moneda al aire, pero sí será discrecional. No es lo mismo arbitrariedad que discrecionalidad. En el caso del Derecho esta distinción es crucial, y más aún si pensamos en la actividad desarrollada por la judicatura. Un juez, digamos, enfrentado a un caso difícil, no puede excusarse de resolverlo, ni puede prescindir de la obligación de justificar su decisión (cualquiera que sea). En el Derecho mexicano, para ejemplificar, todos los juzgadores tienen que fundar y motivar sus resoluciones, aunque en ocasiones deban hacer uso de su discreción al dictar la sentencia, y este es un hecho innegable. Cuando tal cosa ocurre, es decir, cuando el juez resuelve un caso no contemplado expresamente por el poder legislativo, lo que en realidad hace es crear Derecho nuevo. Y si el juez es competente para sentar precedentes obligatorios, la norma que cree no sólo valdrá para el caso que tiene entre manos, sino para los todos los casos futuros similares, sustituyendo al legislador en los hechos. Desde este enfoque, es evidente que se produce un cambio respecto de la doctrina anterior a Hart, pues el llamado formalismo interpretativo se caracterizaba por sostener la tesis de que el juez nunca crea Derecho, dado que es, emulando al barón de Montesquieu, "la boca inanimada que pronuncia las palabras de la ley", y en el extremo opuesto, las doctrinas agrupadas bajo el rótulo de "antiformalismo", afirmaban lo contrario, es decir, que el auténtico Derecho es el que dictan los tribunales en el ejercicio de su función y al amparo de las especificidades de cada caso en particular. Por tanto, Hart representa en la teoría jurídica contemporánea el punto medio y virtuoso entre esos dos extremos opuestos.

III. EL BALANCE, SESENTA AÑOS DESPUÉS

Habiendo expuesto en pocas tesis parte de la doctrina hartiana, tal como este autor la plasmó en su mayor obra, procederé a realizar un balance de ella, aludiendo a tres temas específicos: 1) el Derecho como unión de reglas primarias y secundarias; 2) la existencia y función de la regla de reconocimiento, y 3) la discrecionalidad judicial. Vale la pena aclarar que mis comentarios los haré a la luz de la realidad normativa representada por el modelo del Estado constitucional contemporáneo, por lo que es preciso que explique brevemente en qué consiste.

Por Estado constitucional entiendo aquel cuyo ordenamiento jurídico ha pasado por un proceso de constitucionalización paulatino, de manera que toda la estructura normativa queda condicionada por el valor de la Constitución, la cual se distingue por ser una norma jurídica: a) suprema;

b) obligatoria; c) eficaz y directamente aplicable; d) rígida; e) garantizada mediante uno o varios controles de tipo jurisdiccional, y f) rematerializada, en el sentido de que cuenta con un amplio catálogo de principios y valores.[11] Esta última cualidad se traduce en el hecho de que la carga valorativa de la Constitución acaba por ser irradiada hacia el resto del ordenamiento jurídico mediante la creación de nuevas normas, ya sea por vía legislativa, en la medida en que el legislador tiene que respetar esos contenidos materiales (so pena de que la ley declarada inconstitucional por parte del órgano competente sea anulada con efectos *erga omnes*), o por vía jurisprudencial, en tanto que la interpretación de los órganos jurisdiccionales que lleve a la fijación de precedentes debe realizarse a la luz de esos mismos conteni-

---

11 Sobre la noción de Estado constitucional, véanse los siguientes trabajos: Zagrebelsky, Gustavo, *El derecho dúctil. Ley, derechos, justicia*, epílogo de Gregorio Peces-Barba, Trotta, Madrid, 1995; Atienza, Manuel, "Argumentación y Constitución", en Josep Aguiló Regla, Manuel Atienza y Juan Ruiz Manero, *Fragmentos para una teoría de la Constitución*, Iustel, Madrid, 2007, pp. 113-181; Barberis, Mauro, *Stato costituzionale. Sul nuovo costituzionalismo*, Mucchi Editore, 2012; Vigo, Rodolfo Luis, *Constitucionalización y judicialización del derecho —del Estado de Derecho Legal al Estado de Derecho Constitucional—*, Pontificia Universidad Javeriana-Grupo Editorial Ibáñez, Bogotá, 2012, y Aguiló Regla, Josep, *En defensa del Estado constitucional de Derecho*, Palestra Editores, Lima, 2021. A su vez, acerca de la idea de constitucionalización del derecho es un clásico obligado el artículo de Riccardo Guastini: "La "constitucionalización" del ordenamiento jurídico: el caso italiano", traducción de José María Lujambio, en Miguel Carbonell (ed.), *Neoconstitucionalismo(s)*, Trotta, Madrid, 2003, pp. 49-73; y se recomienda la lectura de los dos siguientes: Ortega García, Ramón, "El artículo primero constitucional y la constitucionalización del derecho en México", en *id.* (coord.), *Teoría del derecho y argumentación jurídica: ensayos contemporáneos*, Tirant lo Blanch, Valencia, 2013, pp. 61-120, y Lara Chagoyán, Roberto, *El constitucionalismo mexicano en transformación: avances y retrocesos*, prólogo de Manuel Atienza, Instituto de Estudios Constitucionales del Estado de Querétaro-Tecnológico de Monterrey, Querétaro, 2020, pp. 29-75.

dos. La consecuencia de dicha irradiación será un ordenamiento globalmente *revalorizado.* Ahora bien, una vez que el Derecho es concebido de esta manera, como conteniendo toda una amplia red de principios y valores, además de las reglas que establecen ciertas conductas como obligatorias o prohibidas, y aquellas que confieren poderes tanto públicos como privados, el resultado que se obtiene es una imagen del fenómeno jurídico muy distinta a la presentada por el positivismo de Hart. Veámoslo a continuación.

a) *El Derecho como unión de reglas primarias y secundarias*: para el jurista inglés, según ha sido expuesto, la quintaesencia del Derecho radica en entenderlo como una combinación de estos dos tipos de reglas. Aquí no hay lugar para el error al interpretar el pensamiento de Hart, a quien cito una vez más:

> "... we shall make the general claim that in the combination of these two types of rule there lies what Austin wrongly claimed to have found in the notion of coercive orders, namely, 'the key to the science of jurisprudence'... We accord this union of elements a central place because of their explanatory power in elucidating the concepts that constitute the framework of legal thought".[12]

Y luego agrega que en esa unión de reglas primarias y secundarias reside el corazón mismo de un sistema jurídico.[13] Sin embargo, es bien conocido que, a raíz de la crítica de Dworkin al modelo de reglas de Hart, otro tipo de estándares cobró protagonismo: los llamados principios jurídicos (*legal principles*), que el autor norteamericano identificó como exigencias de la justicia, la equidad u otra dimensión

12 Hart, H. L. A., *The Concept of Law, ob. cit.*, p. 79.

13 *Cfr., ibídem*, p. 95.

de la moralidad.[14] A partir de esta cruda definición, Dworkin sostuvo que la diferencia entre las reglas y los principios es de carácter lógico, pues mientras que las primeras son aplicables a la manera "todo o nada" (*all or nothing*), es decir, que en la medida en que el supuesto de una regla R1 se actualiza debe seguirse la consecuencia prevista por ella, los segundos no se comportan de esta manera: los principios, según Dworkin, están sujetos a un número indeterminado de excepciones que son imposibles de enumerar en forma anticipada, lo que provoca que su aplicación quede condicionada al análisis de las circunstancias de cada caso en particular; por ejemplo, el principio de que "nadie puede beneficiarse de su propio delito" no contiene en sí mismo el listado de todos los supuestos en que podría ser aplicado ni todas sus posibles excepciones.[15] Y hay otra característica adicional propia de este tipo de estándares: los principios —a diferencia de las reglas— poseen una dimensión de peso o importancia ("*a dimension of weight or importance*") que hace que, si dos de ellos colisionan entre sí, el que pese más en el caso concreto desplace al otro, sin que este último pierda validez; es decir, los principios dependen de un método de balanceo ("*balancing*") o de ponderación para ser aplicados en cada caso individual, y puede ocurrir que en cierto caso el principio P1 derrote al principio P2, mientras que en otro caso similar suceda lo contrario. Pero esta no es la manera de operar de las reglas debido a la cualidad "todo o nada" que poseen. La regla que prohíbe circular en

---

14 En realidad, el autor norteamericano distingue los principios, así caracterizados, de las llamadas directrices políticas ("*policies*"), y califica a estas como estándares que fijan una meta que debe ser alcanzada, generalmente una mejora en algún aspecto económico, político o social de la comunidad. *Cfr.* Dworkin, Ronald, *Taking Rights Seriously*, Harvard University Press, Cambridge, Massachusetts, 1977, p. 22.

15 *Cfr.*, *ibídem*, pp. 24 y ss.

carretera a una velocidad superior a los 100 km por hora podrá tener excepciones (como el de la ambulancia que viaja más rápido porque lleva a un herido al hospital), pero no es que ella sea sometida a un ejercicio de balanceo o ponderación. En fin, no voy a detenerme en el análisis de la ingente bibliografía que hay sobre los principios jurídicos y su distinción con las reglas. Me limitaré a decir esto: luego de la crítica de Dworkin a Hart, comenzaron a salir en defensa del último los partidarios del positivismo jurídico, señalando que la teoría del jurista inglés podría acomodar a los principios si se le realizaban pequeñas enmendaduras, e incluso el propio Hart empleó el mismo argumento en su respuesta contenida en el *Postscriptum.*[16] Debo decir que, por mi parte, no veo las cosas tan claras ni tan sencillas. ¿Por qué? Porque el Derecho, según Hart, se agota en la combinación de reglas primarias y secundarias, y sucede que los principios no se ubican sin más en ninguna de las dos categorías. En efecto, sabemos que los principios pueden ser de varias clases. Si tomamos como base el trabajo cardinal de Atienza y Ruiz Manero sobre el tema,[17] habría al menos dos tipos de principios claramente diferenciables: los que lo son en sentido estricto y las directrices.[18] Los primeros expresan los valores superiores del ordenamiento, de un sector del

---

16 *Cfr.* Hart, H. L. A., "Postscript", *ob. cit.*, pp. 259-263. Véase también Atienza, Manuel, *El derecho como argumentación. Concepciones de la argumentación*, Ariel, Barcelona, 2006, pp. 27 y ss.

17 *Cfr.* Atienza, Manuel y Juan Ruiz Manero, *Las piezas del Derecho. Teoría de los enunciados jurídicos*, Ariel, Barcelona, 1996, pp. 1-44.

18 Los autores también distinguen entre *principios en el contexto del sistema primario*, si van dirigidos a los particulares, y *principios en el contexto del sistema secundario*, si se dirigen a las autoridades (sobre todo, jurisdiccionales); y entre *principios implícitos* y *principios explícitos*, dependiendo de si están formulados de manera expresa en el ordenamiento o si son extraíbles de otras normas presentes en él, respectivamente.

mismo o de una institución[19]; los segundos, por su parte, estipulan la obligación de perseguir determinados fines o de alcanzar ciertos objetivos.[20] Ambos tipos de principios, sin embargo, pueden ser enunciados en forma condicional, al igual que las reglas, (es decir, a manera de ejemplo: "*Si se dan ciertas condiciones a, b, c, d..., entonces debe hacerse A, B, C, D...*", en el caso de los principios en sentido estricto, y "*Si se dan ciertas condiciones a, b, c, d..., entonces debe alcanzarse el objetivo A, B, C, D...*", en el de las directrices), pero exhiben diferencias en cuanto a su estructura y operatividad en el razonamiento práctico: desde el punto de vista estructural, los principios en sentido estricto se caracterizan porque sus condiciones de aplicación están formuladas en forma abierta o indeterminada, pero la conducta prescrita está enunciada de manera cerrada, mientras que las directrices configuran el caso y la solución en términos abiertos. Ahora bien, cuando en este contexto se habla de indeterminación en la formulación del caso y/o de la solución, según los profesores alicantinos, se trata, en realidad, de una de carácter más acusado que la que puede llegar a afectar a las reglas:

> "...no se trata —dicen— sólo de que las propiedades que constituyen las condiciones de aplicación tengan una periferia mayor o menor de vaguedad, sino de que tales

---

19 Atienza y Ruiz Manero citan como ejemplo de principio en sentido estricto el contenido en el artículo 14 de la Constitución de España que prescribe que los españoles son iguales ante la ley, sin que pueda prevaler discriminación alguna por razón de nacimiento, raza, sexo, religión, opinión o cualquier otra condición o circunstancia personal o social.

20 Un ejemplo de directriz, según Atienza y Ruiz Manero, sería la contenida en el artículo 51.1 de la propia Constitución española que establece que los poderes públicos garantizarán la defensa de los consumidores y usuarios, protegiendo, mediante procedimientos eficaces, la seguridad, la salud y los legítimos intereses de todos ellos.

> condiciones no se encuentran siquiera genéricamente determinadas. El tipo de indeterminación que aqueja a los principios es, pues, más radical que el de las reglas...".[21]

¿Qué pasa con estas últimas? Al menos las llamadas "reglas de acción",[22] siempre configuran los casos y sus soluciones en forma cerrada, lo que no quiere decir que no puedan estar afectadas por la textura abierta de los lenguajes naturales. Por otro lado, desde el punto de vista de la función que las reglas y los principios desempeñan en el razonamiento práctico justificativo, la diferencia radica en que las reglas de acción constituyen razones perentorias, pues son, a la vez, razones de primer grado para hacer la acción prescrita y razones de segundo orden porque desplazan o excluyen la deliberación del agente sobre los pros y contras de realizar esa misma acción. Los principios en sentido estricto y las directrices, en cambio, se comportan de manera distinta. Ninguno establece una razón perentoria o concluyente, ya que deben ser sopesados con otros estándares o pautas que pueden terminar por desplazarlos:

> "Las directrices —dicen los autores citados— generan razones para la acción de tipo utilitario: el que la consecución de un fin *F* sea deseable hace que exista, en principio, una razón en favor de todo aquello que conduzca al fin; la razón no es excluyente, pues puede haber razones en sentido contrario y que tengan una mayor fuerza. Por el contrario, las razones para la acción que derivan de principios en sentido estricto son razones de corrección: al igual que las anteriores, no son tampoco excluyentes, pero, en la

---

21 Atienza, Manuel y Juan Ruiz Manero, *Las piezas del Derecho...*, *ob. cit.*, p. 9.

22 Las reglas de acción representan el tipo más común de las reglas de mandato, y son aquellas cuya solución (contenida en el consecuente) consiste en la calificación deóntica de una determinada conducta. Véase *ibídem*, p. 7.

> deliberación del sujeto, las razones de corrección operan como razones últimas (no son razones finalistas, sino razones *finales*). Por eso, las razones utilitarias que derivan de directrices pueden y deben ser evaluadas —y, en su caso, superadas— por razones de corrección, basadas en principios, mientras que lo contrario no puede ocurrir: si se tiene una razón de corrección para hacer X, entonces el no hacer X sólo puede justificarse apelando a otras razones del mismo tipo —esto es, basadas en principios, que tengan un mayor peso, pero no a razones utilitarias —basadas en directrices— que muestren que la consecución de un cierto fin es incompatible con la acción X".[23]

Bueno, dado que las reglas y los principios difieren entre sí en términos estructurales y funcionales, ¿qué conclusión cabría extraer? Pienso, *prima facie*, que ni los principios en sentido estricto ni las directrices, caracterizadas conforme a la teoría de Atienza y Ruiz Manero, que es la que he seguido en este trabajo, pueden ser incorporados al esquema binario de Hart, pues ni unos ni otras son equiparables a las reglas primarias o secundarias en cuya unión radica, según el jurista inglés, la quintaesencia del Derecho. Sencillamente no tienen cabida en dicho modelo. Para que lo tuvieran sería preciso modificar de raíz la tesis hartiana y afirmar que el ámbito de lo jurídico no se agota con las reglas que imponen obligaciones (las "reglas de acción" en la terminología de Atienza y Ruiz Manero) y las que confieren poderes (como las reglas de cambio y de adjudicación); sin embargo, es obvio que esto supondría ir más allá de la clasificación bipartita de Hart y tener que recurrir a distinciones ulteriores que no figuran en su principal obra. Ahora bien, lo interesante de todo es que en el contexto del Estado constitucional de Derecho, las normas más importantes, por decirlo de alguna manera, son los principios, pues ellos

---

[23] *Ibídem*, p. 14.

tienen la capacidad de incidir en todas las decisiones del Estado. Pensando en las que toman los órganos jurisdiccionales, los principios juegan un papel justificativo de la máxima importancia, ya sea que el caso en cuestión sea uno fácil o difícil, y esto es así porque la distinción entre ambos sólo tiene sentido a la luz de los principios.

> "Un caso es fácil —dicen Atienza y Ruiz Manero— precisamente cuando la subsunción de unos determinados hechos bajo una determinada regla no resulta *controvertible a la luz del sistema de principios* que dotan de sentido a la institución o sector normativo de que se trate".[24]

> "Ahora bien —continúan—, si la consideración de un caso como fácil, esto es, como subsumible en una determinada regla a adoptar como razón perentoria para la resolución del mismo, sólo puede hacerse teniendo en cuenta principios, entonces la dimensión de *obediencia* a razones perentorias ya no puede aparecer como primaria: la obediencia a tales razones exige la previa *deliberación* y sólo tiene lugar en el territorio acotado por ésta".[25]

Y concluyen:

> "Quizá todo lo anterior pueda resumirse diciendo que el Derecho constituye, para los órganos jurisdiccionales, un sistema excluyente en un doble nivel y en un doble sentido. En un primer sentido —y en un primer nivel— por cuanto que impone a tales órganos jurisdiccionales el deber de componer un balance de razones integrado únicamente por las constituidas por las pautas jurídicas, siendo admisible la toma en consideración de otras razones únicamente en la medida en que las propias pautas jurídicas lo permitan. En un segundo sentido —y en un segundo nivel— por cuanto que tal balance remite, no en todos los casos pero sí en la mayoría, a adoptar como base de la resolución una re-

---

24 *Ibídem*, p. 22.
25 *Ibídem*, p. 23.

> gla jurídica, esto es, una razón perentoria. Cabría así dividir los casos en dos grupos: aquellos cuya resolución se fundamenta en el balance de razones jurídicas que se integran en la deliberación del órgano jurisdiccional, y aquellos otros en los que tal balance de razones exige el abandono de la deliberación y la adopción como base de la resolución de una razón perentoria".[26]

Si aceptamos lo dicho por Atienza y Ruiz Manero, entonces los principios tienen una presencia totalizante en el plano justificativo, y esto ocurre con mayor claridad en los Estados constitucionales contemporáneos donde a nivel de la Constitución han sido consagrados principios y valores fundamentales, los cuales acaban controlando las decisiones de todos los órganos inferiores. Así entendido, por tanto, los casos cubiertos por reglas deben ser juzgados a la luz de esos principios y valores, y ello es consecuencia de que el Derecho de los Estados constitucionales posea una doble dimensión: una autoritativa, constituida por las reglas, y otra valorativa, representada por los principios. La segunda sirve de contrapeso a la primera, lo que significa que una regla puede ser derrotada, eventualmente, por el balance de las razones subyacentes a ella, es decir, por el balance de los principios que la justifican. Sobre esta cuestión habré de decir algo más cuando aborde el tema de la discrecionalidad judicial.

b) *Existencia y función de la regla de reconocimiento*: ¿tiene sentido una regla de reconocimiento que cumpla las funciones que Hart le atribuye? Bueno, quizá haya que comenzar señalando que dicha tesis ha sido objeto de críticas de variada índole. Dworkin, por ejemplo, supone que es falso que en todo ordenamiento jurídico exista una regla maestra ("*a master rule*") capaz de identificar a los principios como par-

---

26 *Ibídem*, pp. 23-24.

te del mismo; cree que la regla de reconocimiento de Hart está concebida para sentar criterios de validez sólo para las reglas primarias basados en la manera en que éstas son creadas o adoptadas, y sostiene que los principios jurídicos no son identificables de la misma manera. Un principio como el de que "nadie puede beneficiarse de su propio delito" debe su condición jurídica, no al cumplimiento de uno o a varios criterios relacionados con su origen o pedigrí, sino a un sentido de oportunidad ("*sense of appropriateness*") desarrollado entre los profesionistas y la gente a lo largo del tiempo, y su condición y su fuerza dependen de que ese sentido de oportunidad se mantenga. Más aún, para Dworkin es imposible condensar en una sola fórmula todo el cúmulo de consideraciones usadas para conferir estatus jurídico a un determinado principio.[27] Esto es así porque en apoyo de él en un cierto caso hay que recurrir a una serie de argumentos muy diversos que involucran a más principios y a su relación con las prácticas institucionales, la legislación, los precedentes y la moral política de la sociedad, entre otros. La conclusión de Dworkin es que todos estos elementos no podrían ser agrupados bajo una sola regla maestra como en la que Hart está pensando. Otras críticas igualmente relevantes contra la idea de la regla de reconocimiento hacen referencia a temas tales como si en cada ordenamiento jurídico hay una o varias reglas de este tipo, si ella es una norma conceptual —en el sentido de que fija *una definición* de lo que ha de entenderse como Derecho en un tiempo y lugar dados— o una auténtica regla que impone a sus destinatarios la obligación de utilizar los criterios señalados por ella para identificar el conjunto de reglas primarias, etcétera.[28] No me detendré a realizar una

---

27 Dworkin, Ronald, *Taking Rights Seriously*, *ob. cit.*, p. 40.

28 Véase Bulygin, Eugenio, "Sobre la regla de reconocimiento", en AA. VV., *Derecho, Filosofía y Lenguaje. Homenaje a Ambrosio L. Gioja*, prólogo de Genaro R. Carrió, Astrea, Buenos Aires, 1976, pp. 31-39;

recapitulación de todo lo dicho en torno a la regla de reconocimiento a lo largo de las últimas décadas, sino que habré de concentrarme en un aspecto más específico. Hart recurre a dicha regla para fijar los límites del Derecho, es decir, para separarlo de otros ámbitos normativos como la Moral; ello es consecuencia (o reflejo) de la concepción del positivismo jurídico que el autor inglés adhiere, caracterizado por la defensa de dos postulados básicos e interconectados: 1) *la tesis de la separación conceptual*, que sostiene que existe una distinción de esta naturaleza entre uno y otra, y 2) *la tesis de las fuentes sociales*, que afirma que lo que es y no es Derecho en cierta comunidad depende (exclusivamente) de un conjunto de hechos sociales complejos. Para el positivismo jurídico, en resumidas cuentas, el Derecho posee límites establecidos por el uso compartido de la regla de reconocimiento. Ahora bien, en el Estado constitucional contemporáneo, esos límites o fronteras entre el ámbito de lo jurídico y la Moral tienden a hacerse más difusos; ¿por qué? Debido a la incorporación de los principios y valores morales a nivel constitucional, esto es, a la "rematerialización" de las constituciones que he mencionado como una de las principales características del proceso de constitucionalización del Derecho. En efecto, la inclusión de principios y valores de la Moral en la Constitución supone que el resto de las normas del ordenamiento deberán ser interpretadas a la luz de ese conjunto de contenidos materiales, y puede llegar a suceder que ciertas normas jurídicas que fueron identificadas como tales a partir de su fuente tengan que ser declaradas nulas por vulnerar esos mismos contenidos (a través del control de constitucionalidad), e inversamente, normas que no han sido identificadas como válidas desde el punto de vista de su origen, tengan que ser consideradas por

---

y Ruiz Manero, Juan, *Jurisdicción y normas. Dos estudios sobre función jurisdiccional y teoría del Derecho*, Centro de Estudios Constitucionales, Madrid, 1990, pp. 97 y ss.

los tribunales como Derecho válido, en base a que son extraíbles del material jurídico existente a partir de una interpretación apoyada en esos principios y valores (con ayuda, por ejemplo, de la interpretación extensiva). Si esto es así, la afirmación de lo que es y no es Derecho aquí y ahora no podría prescindir de la Moral y la frontera entre ambos se tornaría menos clara o precisa. De ahí que la pregunta que hacía al inicio de este acápite adquiera pleno significado si se le reformula de la siguiente manera: ¿tiene sentido la idea de una regla de reconocimiento en un Estado constitucional contemporáneo en el que el Derecho y la Moral tienden a colapsarse? Una respuesta que se ha dado —desde las premisas del propio positivismo jurídico en su versión incluyente— consiste en afirmar que dicha regla puede mantenerse siempre que la convención en que está fundada se amplíe hasta abarcar, al lado de los criterios de validez formales, los de validez basados en la Moral. Esto no significaría, según los defensores de esta forma de positivismo jurídico, renunciar a la tesis de las fuentes sociales pues seguiría siendo verdad que el Derecho depende exclusivamente de un conjunto de hechos sociales complejos, ni tampoco supondría renunciar a la tesis de la separación conceptual ya que entre los dos no existiría una conexión necesaria, sino contingente: es decir, la inclusión de la Moral dependería de la regla de reconocimiento en cuestión. Sin embargo, nuevamente me parece que las cosas no son ni tan claras ni tan sencillas. ¿Por qué? Porque el uso de los criterios de validez basados en la Moral puede llevar a genuinos desacuerdos entre los aplicadores del Derecho y sucede que para un enfoque ampliamente aceptado, el del convencionalismo superficial, la extensión de una convención está dada por los acuerdos explícitos en torno a los casos en que resulta aplicable. Más allá de esos acuerdos explícitos no existe, por definición, convención alguna, y siendo así, desde este enfoque convencionalista, sería menester renunciar a la idea de una regla de reconocimiento en los Estados constitucionales. Habría que recurrir entonces a una teoría distinta a la del convencionalismo superficial, representada por el convencionalismo profundo, que afirma que lo que determina a una convención, no son sus acuerdos explícitos subyacentes, sino el trasfondo de criterios de corrección tácitamente compartidos. Esto permitiría a la regla convencional subsistir aún en los casos en que surgieran desacuerdos en torno a sus aplicaciones correctas. Es probable que la regla de reconocimiento, entendida como una regla de este tipo, pueda sobrevivir a la luz del convencionalismo profundo, en los casos en los que el uso de criterios de validez basados en la Moral genere desacuerdos entre los operadores jurídicos, pero dar respuesta a esta pregunta exigiría trascender una vez más el marco teórico-conceptual expuesto por Hart en su principal obra. En realidad, la relevancia de contar con un criterio supremo (como el representado por la regla de reconocimiento) es el de permitirnos determinar los confines del Derecho y evitar que se confunda con la Moral hasta el punto de ser absorbido totalmente por ella. En este sentido, suele decirse que los límites del Derecho están determinados *convencionalmente* o *por convención*, no obstante que ésta deba entenderse de modo que no quede reducida a los acuerdos explícitos que subyacen a la misma.

c) *La discrecionalidad judicial*: retomo la tesis de Hart: hay ciertos casos de la práctica jurídica —los llamados "casos difíciles"— en donde ante la falta de una regla primaria claramente aplicable, el juez tiene discreción para resolver en un sentido o en otro, lo cual significa que en tales supuestos crea Derecho nuevo, si bien este poder es meramente marginal o intersticial, pues la mayoría de las veces —en los "casos fáciles"— lo que hace es limitarse a aplicar las normas jurídicas existentes. ¿Es posible mantener esta imagen del juzgador en el Estado constitucional contemporáneo? La pregunta tiene sentido en la medida en que en este último escenario las oportunidades para ejercitar la discreción judicial parecen multiplicarse, dado que la inclusión de contenidos de la Moral en el Derecho exige al juez llevar a cabo operaciones que involucran juicios valorativos que pareciera que escapan a un control racional. Piénsese, por ejemplo, que en el contexto del constitucionalismo, el juez debe resolver conflictos entre derechos humanos; debe determinar la prioridad de un balance entre valores frente a otro; debe dotar de significado a conceptos esencialmente controvertidos como "dignidad" o "libre desarrollo de la personalidad", etcétera. Si esto es así, y si este tipo de supuestos se multiplican en el Estado constitucional contemporáneo, entonces la imagen del juez que crea Derecho sólo de manera intersticial (que es la propuesta de Hart) debe ser modificada: ese ejercicio discrecional, a decir verdad, se daría en la generalidad de los casos. Ahora bien, a mi modo de ver las cosas no tendrían por qué ser así. Pienso que aún en los supuestos en los que el juez opera con principios y valores de contenido Moral, sigue estando ceñido a las exigencias del Derecho. Y esta tesis es la que pretendo desarrollar en lo que resta del presente apartado.

Se suele pensar en la función jurisdiccional como sujeta a un dilema irresoluble cuyas alternativas son el Derecho, por un lado, y la Justicia, por el otro. Enfrentado a este dilema, el juez, en cada caso, tendría que preguntarse qué debe prevalecer, el Derecho o la Justicia, debiendo elegir entre ambos. Creo que esta imagen, si fuese verdadera, provocaría un estado de esquizofrenia permanente en el espíritu de los juzgadores, pues se verían obligados a renunciar o bien al Derecho o bien a la Justicia cada vez que dictaran sentencia. Con todo, creo que el dilema es falso. No es verdad que el juez, en su actividad diaria, deba prescindir ni del Derecho ni de la Justicia. O no debería. Lo que sí debería hacer es evitar caer en cualquiera de estos dos extremos nocivos: por una parte, no debe incurrir en el formalismo obsesivo caracterizado por aplicar la regla jurídica sin discriminación alguna, es decir, sin analizar las propiedades específicas del caso en cuestión, limitándose a la aplicación rígida, inflexible y taxativa de la norma; este tipo de aplicación mecánica y sin juicio de por medio puede provocar situaciones graves de injusticia. Por la otra parte, el juez tampoco debe incurrir en el extremo opuesto representado por el caso en el que decide en forma unilateral dejar de lado las normas jurídicas existentes y resolver con base en su propia concepción subjetiva de lo que es justo en ese caso específico, pues entonces no cumpliría su función de aplicar el Derecho. Ahora bien, es preciso reconocer que en el Estado constitucional contemporáneo hay situaciones en las que el juez se ve orillado a acercarse al segundo de los extremos expuestos. Tales situaciones tienen origen en la propia indeterminación del Derecho, característica que parece acentuarse en el contexto del constitucionalismo. A continuación voy a referirme a una de estas situaciones en particular: la posibilidad de que las normas del Derecho sean derrotadas a la luz de sus razones subyacentes. Imaginemos una regla que establece cierta prohibición bajo determinadas condiciones; esa regla está apoyada en una o varias razones que la justifican. Vemos reflejados aquí dos aspectos del Derecho: el autoritativo, representado por la prohibición, y el valorativo o justificativo, representado por sus razones subyacentes. Puede suceder que entre ambos elementos, el autoritativo y el valorativo, se produzca un desajuste, que es lo que ocurre cuando la prohibición pretende cubrir un caso que no está amparado por sus razones justificativas (supuestos de *suprainclusión*), o cuando la prohibición no cubre un caso que sí debería estarlo a la luz de esas mismas consideraciones (supuestos de *infrainclusión*). Este tipo de experiencias son más comunes en el Derecho de lo que creemos, y el origen está en que las reglas son traslúcidas (queriendo decir con ello que no son opacas) respecto de las razones que les sirven de justificación.[29] Entonces, para volver al ejemplo anterior, la regla que establece una prohibición puede ser derrotada en un caso individual si existe ese desajuste al que me he referido; la derrotabilidad ocurriría en dos supuestos de *suprainclusión*: o bien porque al caso no le es aplicable la razón subyacente de la regla (decimos, así, que el caso cae fuera de su alcance), o porque el caso constituye una excepción creada *ex profeso* ya que la razón que la justifica es desplazada por otra de mayor relevancia que no fue contemplada en el balance original. En ambos casos, ciertamente, el juez que resuelve tiene discreción, pues debe considerar las razones justificativas de la prohibición que no siempre aparecen claramente dilucidadas. Esas razones pertenecen al reino de la Moral en cuanto se refieren a principios, valores y derechos, e incluso pueden aludir a fines y objetivos sociales, pero deben tener anclaje en el Derecho (en el sentido de que deben estar expresa o implícitamente incluidos en él), y por eso decía que aun en los supuestos en los que el juez ejerce discreción al operar con principios y valores de la Moral sigue estando ceñido a consideraciones legales. Por tanto, si las cosas son así, la imagen que Hart presenta sobre el tema de la discrecionalidad judicial también se queda corta apenas se le compara con la realidad jurídica de los Estados constitucionales contemporáneos.

IV. CONCLUSIÓN

Debo decir que el balance realizado en las páginas que anteceden no resulta favorable para Hart. Me he referido a tres temas principales: 1) el Derecho como unión de re-

---

[29] Este tipo de "experiencias recalcitrantes" son desarrollados por Ángeles Ródenas siguiendo a Schauer, en: *Los intersticios del derecho. Indeterminación, validez y positivismo jurídico*, Marcial Pons, Madrid, Barcelona, Buenos Aires, 2012.

glas primarias y secundarias, 2) la existencia de la regla de reconocimiento y 3) la discrecionalidad judicial. Para evaluar cada una de estas propuestas defendidas por el autor inglés en su principal obra, publicada en 1961, he tomado como parámetro el paradigma del Estado constitucional de Derecho, caracterizado principalmente por la inclusión de contenidos de la Moral en forma de principios y valores a nivel de la Constitución. Así, el modelo de las reglas primarias y secundarias fracasa al no poder incluir en su esquema todo ese conjunto de contenidos, los cuales juegan un papel más que fundamental en la justificación de las decisiones judiciales en prácticamente la totalidad de los casos; la regla de reconocimiento, a su vez, debe ser repensada apenas se repara en el hecho de que en los Estados constitucionales la existencia y contenido del Derecho dependen de requisitos de validez basados en la Moral que ponen en entredicho la teoría del convencionalismo superficial, y la discrecionalidad de los tribunales en los casos difíciles también debe ser reconsiderada bajo el prisma del constitucionalismo pues incluso en estos supuestos en los que las prescripciones son derrotables a la luz de sus razones subyacentes, el juez sigue vinculado por consideraciones amparadas en el Derecho existente. Si esto es así, si la teoría de Hart expuesta en su mayor obra sufre de estas limitaciones, ¿qué queda del positivismo hartiano? Bueno, la respuesta no es sencilla, pero yo diría que su legado perdura siempre que entendamos que este constituye un punto de partida para aprender de sus errores y trascenderlos.

BIBLIOGRAFÍA

Aguiló Regla, Josep, *En defensa del Estado constitucional de Derecho*, Palestra Editores, Lima, 2021.

Atienza, Manuel, *El derecho como argumentación. Concepciones de la argumentación*, Ariel, Barcelona, 2006.

—,"Argumentación y Constitución", en Josep Aguiló Regla, Manuel Atienza y Juan Ruiz Manero, *Fragmentos para una teoría de la Constitución*, Iustel, Madrid, 2007, pp. 113-181.

Atienza, Manuel y Juan Ruiz Manero, *Las piezas del Derecho. Teoría de los enunciados jurídicos*, Ariel, Barcelona, 1996.

Barberis, Mauro, *Stato costituzionale. Sul nuovo costituzionalismo*, Mucchi Editore, 2012.

Bulygin, Eugenio, "Sobre la regla de reconocimiento", en AA.VV., *Derecho, Filosofía y Lenguaje. Homenaje a Ambrosio L. Gioja*, prólogo de Genaro R. Carrió, Astrea, Buenos Aires, 1976, pp. 31-39.

Dworkin, Ronald, *Taking Rights Seriously*, Harvard University Press, Cambridge, Massachusetts, 1977.

Hart, H. L. A., *The Concept of Law*, Clarendon Press, Oxford, 1961.

—,"Postscript", en *The Concept of Law*, 2a ed., editado por Penelope A. Bulloch y Joseph Raz, Clarendon Press, Oxford, 1994, pp. 238-276.

Guastini, Riccardo, "La "constitucionalización" del ordenamiento jurídico: el caso italiano", traducción de José María Lujambio, en Miguel Carbonell (ed.), *Neoconstitucionalismo(s)*, Trotta, Madrid, 2003, pp. 49-73.

Kelsen, Hans, *The Pure Theory of Law*, traducción del alemán de Max Knight, University of California Press, Berkeley, 1967.

Lacey, Nicola, *A Life of H. L. A. Hart. The Nightmare and the Noble Dream*, Oxford University Press, 2004.

Lara Chagoyán, Roberto, *El constitucionalismo mexicano en transformación: avances y retrocesos*, prólogo de Manuel Atienza, Instituto de Estudios Constitucionales del Estado de Querétaro-Tecnológico de Monterrey, Querétaro, 2020.

MacCormick, Neil, *H. L. A. Hart*, Edward Arnold, Londres, 1981.

Ortega García, Ramón, "El artículo primero constitucional y la constitucionalización del derecho en México", en *id.* (coord.), *Teoría del derecho y argumentación jurídica: ensayos contemporáneos*, Tirant lo Blanch, Valencia, 2013, pp. 61-120.

Ródenas, Ángeles, *Los intersticios del derecho. Indeterminación, validez y positivismo jurídico*, Marcial Pons, Madrid, Barcelona, Buenos Aires, 2012.

Ross, Alf, *On Law and Justice*, Stevens & Sons, Londres, 1958.

Ruiz Manero, Juan, *Jurisdicción y normas. Dos estudios sobre función jurisdiccional y teoría del Derecho*, Centro de Estudios Constitucionales, Madrid, 1990.

Vigo, Rodolfo Luis, *Constitucionalización y judicialización del derecho —del Estado de Derecho Legal al Estado de Derecho Constitucional—*, Pontificia Universidad Javeriana-Grupo Editorial Ibáñez, Bogotá, 2012.

Zagrebelsky, Gustavo, *El derecho dúctil. Ley, derechos, justicia*, epílogo de Gregorio Peces-Barba, Trotta, Madrid, 1995.

FUNDAMENTACIÓN Y MOTIVACIÓN EN DWORKIN: DOS LECTURAS

Juan Vega Gómez*

Resumen: La teoría de Dworkin del Derecho como interpretación está sujeta a múltiples lecturas y críticas. En este artículo me voy a concentrar en dos principales formas de entenderla que resultan contradictorias entre sí: el enfoque híbrido o de dos sistemas, y por otra parte el enfoque puro o de un solo sistema. La contradicción radica en el papel que juegan las prácticas institucionales y los hechos al momento de determinar qué es Derecho. Finalmente lo que argumentaré es que resulta *plausible* entender a Dworkin desde la perspectiva híbrida, y que a pesar de que un análisis exegético de la obra de Dworkin puede indicar lo contrario, esta postura resulta la más apegada a prácticas y conceptos de la adjudicación como el de fundamentación o motivación.

Palabras clave: Filosofía del Derecho Analítica; Ronald Dworkin; interpretativismo; interpretación del Derecho.

Abstract: *I will center the discussion of this article in two of the contradictory ways in which Dworkin's theory of law as*

---

* Investigador del Instituto de Investigaciones Jurídicas de la UNAM. Profesor de la Facultad de Derecho y de la División de Estudios de Posgrado de la misma universidad, y miembro del Sistema Nacional de Investigadores. Este trabajo fue presentado en varios Congresos y grupos de discusión, en especial quiero agradecer los comentarios recibidos en el grupo de discusión de la Universidad de Girona, España, y en el IV Congreso Internacional de Filosofía del Derecho de la Facultad de Derecho de la UNAM. Una versión del mismo se encuentra publicada en internet. Agradezco también los comentarios de Enrique Rodríguez y Yanara Suenaga.

interpretation is understood: the hybrid view and the non-hybrid or pure view. The dispute revolves around the role facts and institutional practice play in determining laws content. I will argue that putting an analysis of Dworkin's exegesis aside, there is space in Dworkin's theory for a hybrid view, and this hybrid view makes better sense of legal practice and adjudication.

Keywords: *Analytical Jurisprudence; Ronald Dworkin; interpretivism; legal interpretation.*

I. INTRODUCCIÓN, DECISIÓN DE LA SUPREMA CORTE DE JUSTICIA DE LA NACIÓN

En 2004, un militar fue retirado de sus funciones porque se le detectó la seropositividad a los anticuerpos contra los virus de la inmunodeficiencia humana, es decir, SIDA. Esto con base en el artículo 226, segunda categoría, fracción 45, de la Ley del Instituto de Seguridad Social para las Fuerzas Armadas Mexicanas, el cual establece como causa de retiro de las fuerzas armadas mexicanas el que los militares posean seropositividad a los anticuerpos contra el virus, confirmada con pruebas suplementarias.

El militar se inconformó ante la Suprema Corte de Justicia de la Nación y argumentó, entre otros conceptos de violación, una violación a la garantía de igualdad y a la garantía del derecho a la protección de la salud. La pregunta importante que planteó el militar es si con el simple hecho de salir seropositivo en las pruebas del SIDA, eso es una razón suficiente para retirar a los militares infectados.

De manera interesante, la Corte analizó el problema desde las perspectivas del derecho a la no discriminación y el derecho a la salud. Sobre todo se preguntó si las diferencias que hacía la Ley del Instituto de Seguridad Social para las Fuerzas Armadas Mexicanas eran desproporcionales, injustificadas o arbitrarias.

Finalmente la Corte determinó que tales diferencias sí eran desproporcionales, injustificadas y arbitrarias, dándole la razón al militar y nulificando su retiro de las fuerzas armadas. Regresaremos a esta decisión al final del artículo. Pero primero un par de aclaraciones importantes.

II. ¿QUÉ DEBEMOS ENTENDER POR FUNDAMENTADO Y MOTIVADO EN ESTOS CONTEXTOS DE ADJUDICACIÓN?

De acuerdo al *Diccionario Jurídico Mexicano* en su voz «sentencia», fundamentación es «la expresión de los argumentos jurídicos en los cuales se apoya la aplicación de los preceptos normativos que se invocan por el juzgador para resolver el conflicto».[1]

De acuerdo al procesalista José Ovalle Favela, la fundamentación «es el deber que tiene la autoridad de expresar, en el mandamiento escrito, los preceptos legales que regulan el hecho y las consecuencias jurídicas que pretenda imponer el acto de autoridad».[2]

---

1 VV.AA. (2005): *Diccionario Jurídico Mexicano*, México: Porrúa, p. 3440.

2 José Ovalle Favela (2007): *Garantías constitucionales del proceso*, México: Oxford University Press, p. 97.

Podemos hacer un ejercicio de abstracción y usar indistintamente los conceptos de fundamentación y motivación o incluso justificación. Por ejemplo, en el Derecho constitucional español, es la motivación de las sentencias lo que demanda la Constitución en su artículo 120.3, que conjuntamente con el artículo 24.1 referente a la tutela judicial efectiva, plasma un derecho fundamental para los ciudadanos frente a sentencias no fundadas en Derecho.

«Parece», y pongo el parece entre comillas, que las nociones de fundamentación o motivación le dan un papel importante a un derecho establecido con anterioridad, un derecho producto de ciertas fuentes sociales o prácticas institucionales, derecho, producto quizás de una interpretación o de una simple identificación, pero que se puede determinar *sin* una tarea de evaluación moral.

Hay dos formas de entender a Dworkin en este sentido. Una de ellas, que denominaré el *enfoque puro o de un solo sistema*, y el otro el *enfoque híbrido o de dos sistemas*. Los explicaré a detalle a continuación, pero adelanto que el *enfoque puro* no le da ningún papel importante a las prácticas institucionales o fuentes sociales en tanto que con base en ellas pueda decir que tengo Derecho; el enfoque *híbrido* coloca dichas prácticas institucionales en una de las dos dimensiones importantes que constituyen Derecho, lo que es Derecho, es decir, junto con estas prácticas institucionales, contamos con una evaluación moral de las mismas para determinar el contenido del Derecho.

Finalmente lo que argumentaré es que resulta *plausible* entender a Dworkin desde la perspectiva híbrida, y que a pesar de que un análisis exegético de la obra de Dworkin pueda indicar lo contrario, esta postura resulta la más apegada a las prácticas y conceptos de la adjudicación como el de fundamentación y motivación.

III. EL ENFOQUE HÍBRIDO O DE DOS SISTEMAS

Para este enfoque o forma de ver las aportaciones de Dworkin tenemos dos sistemas que conjuntamente sirven para determinar qué es Derecho. Por una parte tengo el material jurídico existente, tengo lo que han dicho las prácticas institucionales a manera de códigos, leyes, reglamentos, decisiones y material constitucional. Tenemos lo que finalmente un positivista jurídico denomina fuentes sociales. *Pero* mientras que para el positivista dichas fuentes sociales determinan de manera exclusiva el contenido del Derecho, para la interpretación híbrida dworkiniana, esto es parte importante, pero no exclusiva, pues debemos agregar un análisis evaluativo moral.

El análisis evaluativo moral resulta indispensable porque el concepto de Derecho, junto con los conceptos morales y políticos son conceptos que ya tienen un elemento valioso inmerso y se entienden desde la perspectiva de lo que resulta valioso de los mismos. Para entenderlos, nos preguntamos qué resulta valioso del concepto promesa en la moralidad; qué resulta valioso del concepto democracia en política, y en el Derecho, qué resulta valioso del Derecho mismo.

¿Qué es lo que une ese material jurídico existente con el elemento valioso moral? La respuesta es la tarea interpretativa. Por ello se trata de conceptos interpretativos, tanto los de la moral, la política y el derecho, porque a través de un análisis interpretativo —en este enfoque híbrido— tomamos en consideración tanto las prácticas respectivas, es decir, este elemento fáctico, y por el otro lado el elemento valioso moral. A través de atribuirle un valor o propósito moral a estos conceptos, le damos sentido al elemento de la práctica y así determinamos casos concretos de lo que es Derecho, amistad o democracia.[3]

Podemos ser más específicos en esta cruda caracterización del enfoque híbrido. Y podemos retomar las tres fases del proceso interpretativo que menciona Dworkin en *Law's Empire*.

a) Una fase preinterpretativa, donde se identifican las reglas y directivas que se considera proporcionan un contenido tentativo de la práctica, donde hay un consenso en relación a los casos comunes y corrientes del día a día.

b) Una fase interpretativa, donde el intérprete fija una justificación general de los elementos principales de la práctica identificados en la fase anterior. Se contesta la pregunta de *por qué es buena la práctica existente*.

c) Y una fase pos-interpretativa o de reforma, donde el intérprete avanza una interpretación de lo que la práctica «realmente» exige para darle mejor sentido a la justificación que determinó en la fase interpretativa.[4]

La parte clave está en la fase preinterpretativa, donde al parecer tenemos un elemento de contenido previo a la evaluación moral, propia de las siguientes dos fases. Creo que esta etapa preinterpretativa, propia del proceso, debe entenderse conjuntamente con el papel que juegan los *pa-*

---

[3] Traté de profundizar en estos aspectos de la teoría de Dworkin en Juan Vega (2014): *Ensayos de filosofía jurídica analítica*, Madrid: Dykinson-UNAM, capítulo 2.

[4] Dworkin, R. (1986): *Law's Empire*, Cambridge: Harvard University Press, p. 66.

radigmas en el mismo, paradigmas que se suelen olvidar al dar un recuento detenido de la postura de Dworkin.

Estos paradigmas son casos de Derecho establecido[5] que resultan necesarios para las discusiones de interpretación. El mismo Dworkin dice que permiten el debate en relación a cómo interpretar el Derecho desde su mejor perspectiva moral posible. Por lo que podemos concluir que tenemos un punto estable, un punto de Derecho determinado que permite que las tareas interpretativas puedan despegar, por decirlo de alguna manera.

En algún momento, Dworkin argumenta el papel de los paradigmas de la siguiente manera:

> «Quizá no exista un argumento político que logre persuadir a los jueces americanos para rechazar la proposición de que el Congreso debe ser electo de la manera en que se prescribe en la Constitución, de acuerdo a las reformas ocasionalmente hechas y que son de acuerdo a las propias reglas de reforma establecidas. Quizá todos los jueces aceptan la autoridad de la Constitución a manera de convención más que [como] el resultado de una teoría política sólida».[6]

Podemos ser aún más específicos en este recuento y relacionar tanto esta fase pre-interpretativa y el papel de los paradigmas como contenido previo de Derecho, con la noción dworkiniana del «Derecho como integridad» y las dos dimensiones de la interpretación que son ampliamente argumentadas en su teoría: la dimensión de ajuste y dimensión de justificación.

El Derecho como integridad pide que se agoten las dos dimensiones por parte de cualquier intérprete en el momento de determinar qué es Derecho. Por un lado, que su

---

5 *Ibídem*, 138-39.

6 *Ibídem, p.* 138.

interpretación se «ajuste» a la práctica, y por la otra que la «justifique» al presentar sus argumentos a favor de su interpretación desde la mejor perspectiva moral posible.

Pero sigo sin detallar esta dimensión de «ajuste»: desde mi punto de vista, la parte clave de la explicación de Dworkin es cuando señala que esta dimensión es una exigencia formal y estructural,[7] una exigencia de tomar en consideración estos aspectos históricos y el material jurídico previo para que nuestras interpretaciones tengan un anclaje en el Derecho y la materia que se discute. En algún punto, preocupado por las críticas del escepticismo y por la posibilidad de que su teoría se entienda como una que defiende cualquier interpretación producto de las convicciones personales del intérprete, Dworkin menciona esta dimensión de ajuste como su limitante: son hechos brutos de la historia jurídica que deben tomarse en consideración al momento de interpretar. Nuestras interpretaciones, al adoptar la tesis del Derecho como integridad, deben «ajustarse» a la práctica, a la historia y a las decisiones pasadas.[8]

Y esta dimensión de ajuste no es menor, reiteradamente Dworkin menciona cómo nuestras interpretaciones serán más exitosas en la medida en que reúnan este requisito, entre más ajuste tenga la interpretación con el texto y la historia jurídica, mejor será, incluso Dworkin menciona que las interpretaciones mediocremente reúnan el requisito de ajuste serán rechazadas, a tal grado que no llegarán a ser consideradas en la etapa de justificación posterior.[9]

---

7 *Ibídem, p.* 231.

8 *Ibídem, pp.* 373-74.

9 *Ibídem,* p. 231.

La dimensión de ajuste está presente en todos los casos de interpretación que discute Dworkin en *Law's Empire*. Al interpretar precedentes, la exigencia es que nuestras interpretaciones se ajusten a las decisiones judiciales del pasado relacionadas al caso concreto y a otros casos más generales para dar coherencia al Derecho.[10] Lo mismo sucede cuando Dworkin plantea las dificultades de la interpretación legal o estatutaria, la tarea es ajustar las interpretaciones al texto mismo y, de ser posible, a otros textos legislativos vigentes,[11] si bien no a través del dudoso método de las intenciones del legislador, sí a través de un análisis de los propósitos de la legislación.[12] Y la interpretación constitucional no es la excepción. Nuestras interpretaciones tienen que ajustarse a la historia constitucional y a las decisiones pasadas del tribunal.[13]

Debemos ser muy cuidadosos en el recuento de una teoría tan sofisticada y detallada como la de Dworkin y puntualizar que *existe* la segunda dimensión de la interpretación en el Derecho como integridad, la dimensión de justificación, y esta efectivamente es una de análisis sustantivo moral con base en la cual se le da la mejor interpretación posible al Derecho y a la práctica con base en principios, estándares de justicia, equidad y debido proceso. Pero en esta parte del argumento, mi punto es que contamos con una etapa interpretativa que le da un papel importante a un Derecho producto *no* de la evaluación moral, el cual nos permite, junto con otra de justificación, determinar qué es Derecho en casos concretos.

---

10 *Ibídem*, p. 245.

11 *Ibídem*, p. 338.

12 *Ibídem*, pp. 343-46.

13 *Ibídem*, p. 388.

Así, tenemos una posible interpretación de una postura híbrida que le da un lugar importante a un Derecho existente, producto de un análisis no moral y que se considera para posteriormente pasar a la fase de análisis moral propia de la función interpretativa de este tipo de conceptos.

IV. EL ENFOQUE PURO O DE UN SISTEMA

Este enfoque es *puro* en tanto que todo el contenido del Derecho es resultado de una argumentación moral; no existe un contenido previo producto de las prácticas institucionales, no hay leyes, reglamentos, precedentes, Constitución, que pueda decirse anclen el proceso interpretativo, incluso estos materiales jurídicos «existentes» están sujetos a una justificación moral. Creo que Mark Greenberg lo ejemplifica claramente cuando señala que ese material contenido en leyes, reglamentos, precedentes y demás, lo que solemos llamar las fuentes sociales, son simplemente palabras, oraciones y textos, pero no contenido jurídico, pues una norma es resultado de la valoración moral que se hace de ese contenido y no hay normas previas. Para Greenberg, necesitamos una explicación más sofisticada de lo que hace que algo sea una norma y esta explicación radica en el elemento moral que da sentido a los textos legales.[14]

Y es un enfoque de un solo sistema porque el único sistema que interesa para determinar el contenido del Derecho es el moral, no hay dos partes para esta determinación: una fáctica y otra evaluativa. Toda la práctica institucional de las legislaturas, las cortes y la administración tendrá o no un papel relevante dependiendo de lo que dicte la evaluación moral y la mejor justificación del Derecho. En otras pala-

---

14 Greenberg, M. (2014): «The Moral Impact Theory of Law», *Yale Law Journal*, 123, 5, marzo.

bras, no hay Derecho determinado por textos o por cualquier otra fuente social; reitero, el contenido del Derecho es producto de la argumentación moral.

Puesto en otros términos, el contenido del Derecho solo tiene un componente, la valoración moral. O como señala Nicos Stavropoulos, en este enfoque puro las obligaciones jurídicas no necesariamente coinciden con el lenguaje oficial producto de la práctica, aunque a veces coincidan; las obligaciones jurídicas son producto de una argumentación puramente moral.[15]

Y, ¿qué pasa en las fases del proceso interpretativo?, ¿sobre todo en la fase preinterpretativa y en el caso de los paradigmas que sirven como base para lanzar la actividad de interpretación?

Todo está sujeto a la argumentación moral, a un caso sustantivo que se pueda argumentar a favor de determinadas reglas o directivas de la práctica especifica. Para ser más exhaustivos en la explicación de este enfoque puro, podemos decir que incluso los paradigmas están sujetos a una argumentación moral. Se trata de casos fijos que presuponen argumentos morales sustantivos. Son los principios morales los que dan una explicación al peso de los casos paradigmáticos, es la interpretación que se realiza con base en principios morales la que ubica a los paradigmas como casos claros en nuestro recuento de lo que es el Derecho, pero es un «contenido tentativo» como se mencionó anteriormente, porque podemos tener una mejor interpretación que los cuestione y no les proporcione ese peso específico.[16]

---

15 Stavropoulos, N. (2014): «Legal Interpretivism», *Stanford Encyclopedia of Philosophy,* versión del 29 de abril.

16 *Ibídem.*

Y en relación a las dimensiones de «ajuste y justificación», ¿qué sucede desde esta perspectiva pura? Greenberg lo aclara en estos términos: «Ajuste es simplemente un aspecto de la justificación, no hay una limitante de ajuste, y la cuestión relativa a la importancia de la dimensión de ajuste en relación con otros aspectos de justificación es una pregunta sustantiva de moralidad política».[17]

La práctica tiene un lugar en este enfoque puro, pero *no* es de contenido previo para saber qué derechos y obligaciones tengo. La práctica o historia institucional es a su vez interpretada con base en la moralidad, se explica, y con base en este proceso se determina el contenido del Derecho. La moralidad *no* se limita frente a un contenido previo producto de la práctica, sino que da sentido a dicha práctica. Se considera su impacto como *un* elemento más en el proceso deliberativo político-moral para saber qué derechos y obligaciones tengo.[18] Es aquí donde cobra sentido lo que Dworkin sostiene en *Justice for Hedgehogs*: el Derecho es una rama de la moralidad política y los derechos jurídicos simplemente son derechos morales ejecutables ante los tribunales.[19]

V. PARA REGRESAR A LA DECISIÓN DE LA CORTE

Recordemos la decisión de la Corte que mencioné al inició del artículo. El problema radica en la interpretación de una ley que menciona como causa de retiro el poseer seropositividad a los anticuerpos contra el virus SIDA, confirmado con pruebas suplementarias. Para determinar que

---

17 Greenberg, M. (2004): «How Facts Make Law», *Legal Theory, 10,* nota al pie 47, pp. 196-197.

18 También aquí resulta indispensable consultar el trabajo de N. Stavropoulos, *op. cit.*

19 Dworkin, R. (2011): *Justice for Hedgehogs,* Cambridge: Harvard University Press, pp. 405-407.

las distinciones que hace dicha ley son arbitrarias, injustificadas y desproporcionales, la Corte primero realiza una prueba de razonabilidad y proporcionalidad para justificar o no las limitaciones que quería fijar a los derechos a la igualdad y a la salud el legislador militar. Curiosamente, la Corte sostiene que dicha prueba de proporcionalidad es algo plasmado en la Constitución de 1917 y que se puede extraer del principio de legalidad.

Aunado a lo anterior, la Corte *fundamenta/motiva/justifica* este análisis de principios —morales, podríamos agregar— tanto en la Constitución escrita como en una serie de tesis o precedentes, tanto nuevos como antiguos que son parte de la práctica judicial. Y la Corte sostiene y argumenta cómo los tribunales han operado con base en dichos principios, concretamente en cuatro tesis o criterios jurisprudenciales.

A lo que quiero llegar es que en un caso difícil como este del servicio militar, ciertamente, como lo argumentó Dworkin, se analizan principios morales y en buena medida este tipo de decisiones se deben ver desde esta perspectiva moral, pero si revisamos esta y muchas otras decisiones de los tribunales, el peso que se le otorga al material jurídico existente, a las fuentes, es decir, a este contenido del Derecho que se puede extraer sin un análisis moral, es sumamente relevante. Incluso en este asunto de la Corte vemos cómo antes de llevar a cabo su prueba de racionalidad y proporcionalidad, lo justifica como algo propio del texto constitucional y de la práctica judicial; en ello finalmente se fundamenta la decisión y análisis de la Corte.

Ciertamente podemos tener las tres fases del proceso interpretativo como lo aportó Dworkin en *Law's Empire*,[20] pero con este sustento de fuentes sociales, donde tenemos una fase

---

20 Ver nota 3, *supra*.

preinterpretativa y unos paradigmas que tienen contenido de Derecho y que sirven como base para la fase de evaluación moral propia de las fases interpretativa y posinterpretativa.

Lo anterior me obliga a favorecer una lectura híbrida de Dworkin, una lectura que da cuenta de estos aspectos importantes de la práctica del Derecho. Creo que en las fundamentaciones y decisiones de los tribunales no vemos un enfoque puro, donde los textos, el material jurídico existente, la práctica institucional, son vistos como un contenido vacío de Derecho hasta que son sometidos a un análisis moral, todo lo contrario sucede, la Constitución, los textos, los precedentes y los códigos, como Derecho previo, *son parte* importante de sus decisiones y fundamentaciones.

VI. POSIBLE OBJECIÓN

Como ciertamente me van a contrargumentar mis amigos dworkinianos, si entendemos bien a Dworkin, él nunca defendió el enfoque híbrido: siempre, desde *Los derechos en serio,*[21] se puede ver que la noción era pura, una que finalmente se aclaró en *Justice for Hedgehogs.*[22]

Y no lo dudo, por ejemplo, podemos citar esa parte —algo oscura— de *Los derechos en serio* que se rescata actualmente en esta agenda dworkiniana, donde Dworkin sostiene:

> «[...] los juristas se valen de normas y principios para transmitir información jurídica, y sería un error suponer que cualquiera de esos enunciados en particular fuese canónico. Y esto vale incluso para lo que llamamos normas legales, porque es un lugar común (decir) que con frecuencia los juristas tergi-

---

[21] Dworkin, R. (1977): *Taking Rights Seriously,* Cambridge: Harvard University Press.

[22] Ver nota 18, *supra.*

> versarán las normas que enuncia una ley si se limitan a repetir el lenguaje que este usa. Podría ser que dos juristas resumieran el efecto de una ley determinada valiéndose de diferentes palabras, y que uno de ellos usará más reglas que el otro; sin embargo, los dos podrían estar diciendo la misma cosa.
>
> En lo que yo insistía no era en que "el Derecho" contiene un número fijo de estándares, de los cuales algunos son normas y otros principios. En realidad, lo que quiero es oponerme a la idea de que "el Derecho" sea un conjunto fijo de estándares de la clase que sean. Más bien insisto en que un resumen preciso de las consideraciones que deben tener en cuenta los abogados para decidir sobre un determinado problema de derechos y deberes jurídicos incluiría proposiciones que tuvieran la forma y la fuerza de principios, y en que los propios jueces y abogados, cuando justifican sus conclusiones, usan frecuentemente proposiciones que han de ser entendidas de esa manera».[23]

Incluso, alguien me podría mostrar otra cita de *Law's Empire* para restarle peso a mi análisis de las dimensiones de ajuste y justificación, cita que se suele usar para defender el enfoque puro, donde Dworkin sostiene lo siguiente: «Entonces, la distinción entre las dos dimensiones es menos crucial y profunda de lo que parece. Es un dispositivo analítico de utilidad que permite darle estructura a cualquier teoría o estilo interpretativo en uso».[24]

Aunque pienso que esta última cita defiende, más que abandona, la idea formal de la dimensión de ajuste y del enfoque híbrido,[25] quiero ahora recordar lo que mencioné al

---

23 Uso la traducción de M. Guastavino en la versión castellana de R. Dworkin, *Los Derechos en Serio,* (Barcelona: Planeta-Agostini, 1993), 139-40.

24 Dworkin, R (1986): *Law's Empire, op. cit.*, 231.

25 Menciono lo anterior porque Dworkin continúa este argumento señalando la importancia de la dimensión de ajuste y sostiene que,

inició del artículo: aquí mi objetivo *no* es uno de exégesis del pensamiento de Dworkin, mis argumentos no dependen exclusivamente de qué dijo o de cómo caracterizó su postura: mi interés es contestar la pregunta de qué tipo de enfoque uno debe tener si consideramos el trabajo de Dworkin, y traté de argumentar que *uno plausible* es el propio de un enfoque híbrido, enfoque que puedo extraer del mismo Dworkin y, sobre todo, uno que resulta más apegado a la práctica jurídica.

BIBLIOGRAFÍA

Dworkin, R. (1977): *Taking Rights Seriously*, Cambridge: Harvard University Press.

Dworkin, R. (1986): *Law's Empire*, Cambridge: Harvard University Press.

Dworkin, R. (1993): *Los derechos en serio*, traducción de M. Guastavino, Barcelona: Planeta-Agostini.

Dworkin, R. (2011): *Justice for Hedgehogs*, Cambridge: Harvard University Press.

Greenberg, M. (2004): «How Facts Make Law», *Legal Theory*, 10.

Greenberg, M. (2014): «The Moral Impact Theory of Law», *Yale Law Journal* 123, 5, marzo.

Ovalle Favela, José (2007): *Garantías constitucionales del proceso*, México: Oxford University Press.

Stavropoulos, N. (2014): «Legal Interpretivism», *Stanford Encyclopedia of Philosophy*, 29 de abril.

Vega, Juan (2014): *Ensayos de filosofía jurídica analítica*, Madrid: Dykinson-UNAM.

---

si no se cumple, ni siquiera resulta necesario pasar a la dimensión sustantiva de la justificación.

A VUELTAS CON EL CONTEXTO: REVISITANDO AL REALISMO JURÍDICO NORTEAMERICANO. UN ENSAYO PARA LOS TIEMPOS QUE CORREN

Juan Jesús Garza Onofre*

Resumen: En tiempos complejos como los actuales se diría que el Derecho va perdiendo progresivamente su capacidad de acción y ordenación de la sociedad. La importancia de focalizar el estudio de este fenómeno en sus operadores es una de las principales consignas de aquel movimiento heterogéneo de teoría jurídica norteamericana de inicios del siglo pasado que fue denominado "realismo jurídico". El presente ensayo aspira a realizar una reflexión sobre los tiempos que corren para desentrañar algunas ideas muy puntuales que, bien orientadas y entendidas, pueden servir para revitalizar y repensar distintos postulados sobre el rol que debería ejercer una filosofía del Derecho que pueda ser útil para lograr la transformación social.

Palabras clave: realismo jurídico norteamericano; teoría del derecho; sociología jurídica; operadores jurídicos; globalización.

* Investigador de tiempo completo del Instituto de Investigaciones Jurídicas de la UNAM. ORCID: https://orcid.org/0000-0002-3011-1014. Correspondencia: Circuito, Mario de La Cueva s/n, C.U., Coyoacán, 04510 Ciudad de México, CDMX. Correo electrónico: garza.onofre@unam.mx

Abstract: *It could be said in most recent times that Law is losing its capability of action and social organization. The importance of concentrating the studies on this phenomenon in the officials responsible of operating it, is one of the most significant tenets of the old legal movement of Legal Theory from the beginnings of the past century known as Legal Realism. This essay intends to motivate a deep reflection on the present day to disclose some relevant ideas which could be used to reevaluate how Legal Philosophy achieves social change.*

Keywords: *American Legal Realism; Legal Theory; Sociology of Law; Legal Officials; Globalization.*

I. INTRODUCCIÓN. TIEMPOS EXCEPCIONALMENTE COMPLEJOS (PARA EL DERECHO)

El ímpetu por predecir el advenimiento del apocalipsis ha sido constante en la trayectoria de la humanidad. Los adagios que predican nostálgicamente que «tiempos pasados siempre fueron mejores» no solo encierran una absoluta claudicación por imaginar mejores alternativas en el mañana, sino que también develan una comprensión parcial del vasto e impredecible contexto en el que las personas han ido desarrollando sus vidas.

Y es que, al final, todas las situaciones que rodean a cualquier acontecimiento se encuentran en constante cambio porque las propias condiciones que las generan también se modifican. Por más que intentemos asegurar algunas certezas en el futuro, el carácter imprevisible de la historia funciona como aliciente para moderar los ánimos catastrofistas y mantener las esperanzas en el porvenir.

El dinamismo es el sello distintivo de la vida en común. La importancia de contextualizar lo sucedido puede servir para valorar en su justa dimensión aquellos episodios que en un momento resultaban fatales pero que solo en retrospectiva podemos comprender y de los que, eventualmente, podemos aprender para seguir adelante. Sin embargo, es imposible negar que una serie de factores que empezaron a hacerse visibles en la primera mitad de la década de los ochenta del siglo pasado han provocado un completo derrumbe de algunas certezas que se pensaban firmes.

La fragmentación del Estado como soberano supremo a la par de una profusa actividad económica (caracterizada por la deslocalización de las industrias y la desmaterialización de los mercados) y un desaforado avance tecnológico han conformado el escenario ideal para forjar un fenómeno emergente de interconexión mundial nunca antes visto.

Al fomentar la desintegración y la fusión de realidades, la globalización como proceso todavía inacabado —y de consecuencias que a la fecha son desconocidas— «ha impuesto una nueva estructuración del espacio y de las distancias, por una parte, y del tiempo, por otra».[1] Como señala Castoriadis: «Se persigue por sí misma la expansión ilimitada de un falso dominio del mundo, separado de todo fin racional o razona-

---

1 Capella, J.R. (2008): *Fruta prohibida. Una aproximación histórico-teorética al estudio del derecho y del Estado*, Madrid: Trotta, p. 299.

blemente discutible. Se inventa todo lo que se puede inventar, se produce todo lo que se puede producir (rentablemente), y luego se suscitan las "necesidades" correspondientes».[2]

El contexto en el que desde hace ya varias décadas nos encontramos sirve de campo de cultivo a un mercado desregulado y capitalista que, en su afán por permanecer ajeno a cualquier condición política en la que se despliega, termina difuminando la frontera entre lo público y lo privado y se empeña en convencer de que la lógica de la eficacia y la instrumentalización es la única vía para materializar una incesante modernización.

Como explica certeramente el profesor Rodolfo Vázquez, la aparición de signos más despiadados en épocas modernas como la barbarie de la violencia bélica o del terrorismo no son más que secuelas de la crisis y desmitificación de la globalización. El mito del progreso fue desgastándose hasta decantar en fenómenos como el individualismo atomista, el primado de la libertad negativa a expensas de la positiva, la de la democracia procedimental sin soportes sustantivos y el mercado sin acotamientos.[3]

A pesar del carácter indómito de la historia, no cabe la menor duda de que los tiempos que corren son excepcionalmente complejos. La relación de fuerzas y la concentración del poder han cambiado de manera radical, generando desigualdades cada vez más marcadas y poniendo de manifiesto un persistente estado de crisis que no vislumbra final.

Así, entre la angustia y el desconcierto de amplios sectores de la población que creían que, con el paso del tiempo,

---

2 Castoriadis, C. (1996): «Le dèlabrement de l´Occident», en *La montée de l'insignifiance*, Paris: Seuil, p. 71.

3 Véase Vázquez, R. (2006): *Entre la libertad y la igualdad. Introducción a la filosofía del Derecho*, Madrid: Trotta, p. 253.

sus vidas serían mucho más prósperas y dignas, parecería que el futuro termina por convertirse en esa palabra que usamos para referirnos a lo que ya no podemos imaginar.[4]

En sociedades terriblemente empobrecidas, es evidente que las soluciones no llegarán de forma automática ni menos aún gracias a las lógicas corporativistas del sistema económico dominante. Lo escribió Kaplan hace ya más de dos décadas: «La política del sacrificio, del esfuerzo, del trabajo, cede el lugar a la ética fundada en la especulación, la esperanza de la ganancia rápida, la reposición del capital en poco tiempo, el consumismo ficticio respecto al estado real de la economía nacional. La delincuencia es así generada, no solo por las estructuras económicas y sociales, sino por ciertos rasgos de mentalidad colectiva y de la cultura predominante, que son creados y desarrollados históricamente, y en la interdependencia con aquellas».[5]

Precisamente, el rol que deben desempeñar los Estados que aspiran a adjetivarse como constitucionales —entendidos como el amplio conglomerado institucional encargado de hacer realidad los derechos que los fundamentan y estructuran—, resulta primordial y cobra sentido por su gran responsabilidad en el modelaje y la consecución de los planes de vida de las personas que los legitiman.

No obstante, ante la disminución de la capacidad de acción de los gobiernos, las posibilidades por hacer factible un gobierno de las leyes (que no de los individuos) se desvanecen entre los fervorosos ánimos que levanta una retórica más bien cortoplacista, orientada hacia la polarización de las opciones políticas más antagónicas que incluso puede

---

4 Véase Butler, J. (2020): *Sin miedo. Formas de resistencia a la violencia de hoy*, México: Taurus, pp. 101-102.

5 Kaplan, M. (2002): *Estado y globalización*, México: IIJ-Universidad Nacional Autónoma de México, p. 15.

llegar al extremo de ignorar las propias leyes a costa de la aprobación de un discurso tan visceral como irrealizable. No por nada, a propósito de las democracias constitucionales, Ferrajoli ha escrito que en estas «solo cabe hablar de un grado mayor o menor de democracia, según el grado de efectividad del conjunto de las garantías de los derechos y de los principios».[6] En este sentido, si bien los actuales marcos que postulan estos esquemas han servido como técnica de juridificación del poder, lo cierto es que no han sido suficientes para limitarlo y comprender sus múltiples y muy variadas mutaciones.

Al obviar la necesidad de repensar el orden jurídico mediante la elaboración de mejores teorías y la articulación de mecanismos de tutela de los derechos que restablezcan su dominio para todas las personas, aunada a la ausencia de límites legales más nítidos impuestos a quien ostente ya no solo el poder político, sino también el económico, no cabe la menor duda de que el potencial transformador del Derecho y su pretensión de justicia quedan menoscabados en un contexto que lo reduce para afrontar los retos que implican los tiempos excepcionalmente complejos en los que se despliega.

II. UNA APOLOGÍA DEL DERECHO A TRAVÉS DE SUS OPERADORES

Pero el Derecho no funciona en forma automática o inconsciente ni es suficiente una incesante reformulación de sus lineamientos conforme a lo que vaya aconteciendo para lograr su efectividad. Si se anhela dotar a las cuestio-

---

6 Véase Ferrajoli, L. (2014): *La democracia a través de los derechos humanos. El constitucionalismo garantista como modelo teórico y como proyecto político*, Madrid: Trotta, p. 135.

nes jurídicas de sentido en los tiempos que corren, en un primer momento habrá que destacar su faceta propositiva, que se utiliza con fines emancipatorios y de corrección a partir de sus operadores, pues «la cambiante realidad social se ve recogida en el Derecho o favorecida e impulsada por él a través de su acción», y esta solo puede ser llevada a cabo por «esas personas que con una habitualidad profesional se dedican a actuar en dicho ámbito».[7]

A sabiendas de que el fenómeno jurídico suele llegar tarde a su cita con la realidad, la importancia de empatar las normas con la práctica radica en tomar en consideración la experiencia y preparar para los años venideros a los profesionistas que estarán en condiciones de continuar con su promoción y mantenimiento. Pero no desde una óptica aislacionista, o acaso diferenciándolos por completo de los usuarios del sistema: una de las claves para armonizar este binomio radica en otorgarles el justo lugar que les corresponde a los operadores jurídicos como intermediarios de sus conciudadanos.

No pasa desapercibido que la práctica del Derecho es hoy más problemática que nunca. En un momento en que la inercia y el peso de la cultura jurídica se manifiestan en arquetipos rígidos y formalistas dentro del ámbito profesional, se genera una fuente potencial de resistencia frente a cualquier intento orientado a revitalizar un sistema en el

---

7 Para Gregorio Peces-Barba, los operadores jurídicos se diferencian del común de los ciudadanos por tener una intervención estable en un cargo, oficio o profesión relacionada con el Derecho: «Me parece un término más amplio que el de jurista, y así como se puede afirmar que todo jurista ejerciente es un operador jurídico, no se puede decir lo mismo de su contrario, porque no todo operador jurídico es un jurista». Peces-Barba Martínez, G. (1986-1987), «Los operadores jurídicos», *Revista de la Facultad de Derecho de la Universidad Complutense de Madrid*, 72, pp. 448 y 449.

que millones de personas están desencantadas con el panorama que han concebido a lo largo de los años. Así, se diría que operar con el Derecho ha dejado de ser una tarea socialmente útil.

Frente a la compresión aséptica y normativista del Derecho, los actuales postulados que exige su ejercicio implican dejar de contemplar este fenómeno como resultado para vislumbrarlo como proceso, como una práctica emanada del actuar humano que debe servir a fines orientados por valores justificados. Ahora bien, en absoluto se apela de forma exclusiva a ideales abstractos y mucho menos a una suerte de metafísica —o peor, a una rampante indeterminación subjetiva que dependa de cada operador del Derecho involucrado—. Ocurre que las acciones jurídicas transcurren a través de distintos presupuestos de racionalidad; es decir, llevando la razón activamente a la práctica, de tal manera que esta dinámica se erige como el medio ideal para la consecución de un valioso objetivo que no es otro que la resolución de problemas sociales.

Entender la racionalidad jurídica en sentido práctico (y no como mera técnica) implica que la noción de problema adquiera una centralidad mayúscula, pues la actividad de los operadores jurídicos ya no debería estar guiada —o, al menos, no debería estar guiada del todo— por un éxito de corte instrumentalista, sino por la idea de corrección y la pretensión de justicia. Evoquemos, en este punto, a Jhering: «El Derecho es una idea práctica, es decir, indica un fin, y como toda idea de tendencia, es doble porque encierra en sí una antítesis, el fin y el medio. No basta investigar el fin, se debe además mostrar el camino que a él conduzca».[8]

---

[8] Jhering, R. von, *La lucha por el Derecho* ([1872] 1993): trad. Adolfo González Posada, Buenos Aires: Editorial Heliasta, p. 7.

Por lo dicho, la práctica del Derecho como un conjunto de decisiones dirigidas a arrojar luz sobre determinados problemas no debe fundamentarse de manera exclusiva en razones autoritativas. Los procesos de interpretación y de argumentación, así como la necesidad de desarrollar la imaginación jurídica y un claro sentido de la justicia son cruciales para proporcionar sustento a los valores político-morales básicos, cuyo vínculo manifiesta la unidad substancial de la razón práctica. Por eso, hoy nadie parece dudar de que un buen operador jurídico «no es simplemente alguien que conoce el Derecho positivo (o un fragmento del mismo), sino alguien que, además, es capaz de manejarlo adecuadamente».[9]

En ese sentido, si lo que se pretende es fomentar el entendimiento social, evitar injusticias y generar poco a poco condiciones para que la vida en común sea menos arbitraria de lo que ya es, habrá que aceptar, de una vez por todas, que «la solución a los problemas jurídicos no es simplemente *demostrable*, sino *argumentable*».[10] El Derecho implica la institucionalización de la razón mediante la utilización del lenguaje como principal vehículo.

Ante el porvenir que se vislumbra, en el que «la verdad se ha devaluado y cotiza a la baja en el mercado de las apariencias»,[11] el catedrático de la Universidad de Alicante, Manuel Atienza, invita a hacer una apología del Derecho como articulador de la vida social para hacer posible el entendimien-

---

9 Atienza, M. (2010): «Encuesta sobre el estado actual de los estudios sobre Argumentación», *Revista Iberoamericana de Argumentación*, 10 (1), p. 8.

10 Lara Chagoyán, R. (2021): *Manual mínimo de argumentación jurídica. La razón en la práctica*, Ciudad de México: Tecnológico de Monterrey-Tirant lo Blanch, p. 20.

11 Gamper, D. (2019): *Las mejores palabras. De la libre expresión*, Barcelona: Anagrama, p. 14.

to colectivo.[12] En absoluto se equivoca. Sin embargo, es pertinente ensanchar dichos postulados y entender que urge dejar de ignorar a los agentes primarios que desempeñarán esa tarea tan importante bajo las dinámicas que encierra el actual contexto.

En una realidad tan álgida, dinámica y líquida como la de hoy en día, ya no se trata solo de abocarse al estudio del Derecho, sino también de ampliar el panorama e incluir en la discusión al contexto en el que se desarrolla como una alternativa para contar con operadores jurídicos mejor preparados y capaces de impulsar la transformación social.

Por eso, quizá un primer paso decisivo en el marco de la reflexión iusfilosófica será revisitar y reavivar uno de los pocos enfoques teórico-jurídicos que, aunque disperso, contradictorio e incluso muchas veces incomprendido, pudo abrir camino y desarrollar múltiples ideas en torno a una concepción del Derecho más de corte sociologista que abogaba por la conjugación de la práctica de los operadores jurídicos con la teoría jurídica para, de esa manera, dar cuenta de ciertos aspectos que no habían sido abordados en profundidad.

Dicho enfoque no es otro que aquel que surgió y se consolidó hace ya más de un siglo en Estados Unidos de América por conducto del pensamiento de juristas y abogados como Oliver Wendell Holmes Jr., Roscoe Pound, Karl Llewellyn, Felix Cohen y Jerome Frank, entre muchos otros, usualmente conocido bajo la denominación de «realismo jurídico norteamericano»

Ahora bien, antes de proseguir con el desarrollo del trabajo, cabe mencionar que aquí no se trata de presentar al

---

12 Véase Atienza, M. (2020): *Una apología del Derecho y otros ensayos*, Madrid: Trotta.

realismo como algo novedoso y menos aún como la panacea que, desde la filosofía del Derecho, puede contribuir a resolver todos los problemas que nos aquejan. Nada más errado. Bajo un esfuerzo mucho más modesto, se aspira únicamente a reflexionar sobre distintas alternativas que, desde esta teoría, pueden contribuir a generar una disciplina más consciente de los desafíos que habrá de encarar en los años venideros. No se trata de inventar el agua tibia ni el hilo negro, tampoco de convencer de la pertinencia del realismo. Simple y sencillamente, se pretende volver a pensar algo que ya ha sido pensado, pero desde otra trinchera y de cara a los tiempos que corren; de ahí precisamente el verbo «revisitar», es decir, explorar de nueva cuenta algo que ya se conoce, algo que, a pesar de sus deficiencias y complicaciones, probablemente adquiera un cariz diferente con una mirada renovada.

III. VOLVER AL REALISMO JURÍDICO NORTEAMERICANO[13]

Antes que nada, habrá que comenzar diciendo que el realismo jurídico norteamericano no puede considerarse una escuela de pensamiento jurídico como tal dentro del canon iusfilosófico contemporáneo, «tanto por la heterogeneidad de sus intereses y tendencias de sus integrantes como por el hecho de que no pretendieron construir propiamente una

---

[13] El desarrollo del presente numeral es una versión reelaborada y sintética del apartado relativo a los movimientos antiformalistas con énfasis en el realismo jurídico norteamericano del libro: Garza Onofre, J.J (ed.) (2020): *«Entre abogados te veas». Aproximación multidisciplinar en torno a la abogacía y análisis iusfilosófico sobre su proyección en la teoría del derecho contemporánea*, Ciudad de México: IIJ-UNAM, pp. 118-121.

teoría del Derecho».[14] Y es que no hay que olvidar que «los realistas no eran filósofos, mucho menos filósofos analíticos, y mucho menos estudiantes de G. E. Moore, Russell y Wittgenstein, mucho menos colegas de J.L. Austin. La idea de que lo que requiere explicación sobre el Derecho es el "concepto" de Derecho como se manifiesta en el lenguaje ordinario les hubiera parecido absurda».[15]

A pesar de ello, es posible afirmar, con el profesor David Luban, que este antiformalismo jurídico ha sido la concepción dominante en Estados Unidos (y no solamente en ese país) durante el siglo XX. En efecto, esta visión está tan impregnada de la cultura diaria de la práctica de los abogados que un decano de una afamada escuela de Derecho la describió como «la religión ordinaria de los salones de clase en las escuelas de Derecho».[16]

En gran medida, el auge del realismo jurídico norteamericano provocó una marcada tendencia —hoy aún vigente— a abordar el estudio del Derecho desde la trinchera del sistema de impartición de justicia y como una especie de técnica para la construcción de un mejor orden en la sociedad donde se inserta. Focalizándose en la figura del juzgador, los realistas prestaron más atención hacia la concreta y efectiva administración e impartición de justicia que hacia los razonamientos y materiales jurídicos que guían los procesos y la acción judicial a fin de descubrir en aquel terreno los factores determinantes de la disciplina jurídica.

El Derecho sería exclusivamente, por tanto, lo que *de hecho* deciden los poderes judiciales, o, generalizando, «todo

---

14 Atienza, M. (2001): *El sentido del Derecho*, Barcelona: Ariel, p. 281.

15 Leiter, B. (2015): «Realismo jurídico estadounidense», en *Enciclopedia de Filosofía y Teoría del Derecho*, vol. 1, México: IIJ-UNAM, p. 267.

16 Luban, D. (1988): *Lawyers and Justice*, Nueva Jersey: Princeton University Press, p. 19.

control oficial que tenga lugar en una organización política».[17] Los realistas trataban, pues, de hallar en la actividad de este operador judicial una concepción muy poco ortodoxa y revolucionaria del fenómeno jurídico que comprendiera al mismo más allá de las reglas aprobadas por el legislador.

El Derecho vendría a ser entendido, por tanto, como una regularidad en la futura conducta de los tribunales, por lo que cobraba crucial relevancia el análisis de hechos sociales en un determinado contexto, es decir, el vínculo entre el fenómeno jurídico y las realidades constatables de forma empírica. «El Derecho así no sería equivalente a las normas, sino a las decisiones judiciales. El Derecho no es el Derecho en los libros, sino el Derecho en la acción». Según este punto de vista, la práctica jurídica gira en torno a la figura del juez y, en cierto sentido, no es una experiencia intrínsecamente jerárquica, ya que el poder judicial se percibe aquí como una estructura social difusa y de algún modo informal.[18]

Ahora bien, esta última afirmación sobre el realismo jurídico norteamericano no significa que los jueces sean, de entrada, propensos a estimular una dinámica transversal que prescinda por completo del elemento autoritario para dar cauce a un entendimiento dialógico del Derecho. Más bien al contrario, pues si algo puso de manifiesto esta concepción jurídica es precisamente que muchas de las personas que realizan actividades jurisdiccionales evitan comprometerse con su realidad social, perpetuando estereotipos, arbitrariedades o arcaicos modelos en la impartición de

---

17 García Ruiz, L. (1997): «Aproximación al concepto de derecho de Roscoe Pound», *Persona y Derecho*, 36, p. 63.

18 La Torre, M. (2013): «The Hierarchical Model and H. L. A. Hart's Concept of Law», *Revus. Journal for Constitutional Theory and Philosophy of Law* [Online], Klub Revus, 21, p. 144.

justicia para evitar ser consecuentes con el sistema y con su rol dentro del mismo. Por decirlo pronto, el juez no sería aquella máquina racionalista que obtiene de modo objetivo y perfecto la única respuesta jurídicamente correcta para la consecución de los objetivos.

En ese sentido, el enfoque utilizado por los realistas norteamericanos es de índole pragmática e instrumentalista, ya que trataban de entender los propósitos que el Derecho persigue y tendían a desplegar una perspectiva sociológica sobre sus accionantes. Aunque cabe mencionar que dicho enfoque —que también puede ser comprendido más como una actitud o disposición— no se caracterizaba por ser un sistema teórico completo y coherente, sino antes que nada por su afán de evitar y desenmascarar cualquier especulación abstracta o de corte metafísico en tal empresa.

De ahí que, si bien los jueces (por su preponderancia dentro de los procesos decisivos y de aplicación del Derecho) sean el objetivo medular de estudio para la mayoría de los realistas norteamericanos, los principales destinatarios y beneficiarios de sus ideas parecerían ser los abogados, dado que el análisis del aparato jurisdiccional conlleva de forma indefectible el componente predictivo y estratégico de su trabajo (a partir de cuestiones de índole psicológica, ideológica, económica o antropológica), factor que puede ser aprovechado desde el ejercicio práctico de la profesión con el fin de predecir las consecuencias jurídicas reales de las conductas involucradas y así actuar en consecuencia.

En definitiva, el vínculo entre Derecho y realidad social como instancia fundamental para el resurgimiento del enfoque empírico dentro de las ciencias sociales resulta clave para que este movimiento antiformalista pueda dar cuenta de cómo funciona el Derecho a partir de la actividad de los operadores involucrados en sus dinámicas, en clara contraposición con la tradicional comprensión de una ciencia jurídica caracterizada como fenómeno estático y alejado de cualquier tipo de funcionabilidad operativa.

IV. CUATRO IDEAS GENERALES DEL REALISMO JURÍDICO NORTEAMERICANO A REVISITAR (PARA LOS TIEMPOS QUE CORREN)

Más allá de insistir en la heterogeneidad y la dispersión intelectual del realismo jurídico norteamericano, lo cierto es que explicar sintéticamente todos sus lineamientos teóricos para intentar revisitarlos desde un abordaje grupal o integral es una tarea compleja, desde el momento en que varios miembros de dicho movimiento contraponen y contrastan puntos de vista en relación con temas básicos que deberían considerarse comunes para articular una teoría del Derecho integradora. De ahí que la mejor interpretación que se le ha pretendido dar a tales cuestiones se enfoca más bien en abstraer aquellos fundamentos generales del realismo para aventurar algunas ideas cuyo potencial se encuentra en la conjunción de un panorama como el que actualmente se despliega.

A continuación, y sin ánimo exhaustivo alguno, se enlistan cuatro ideas que bien valdría la pena tener en cuenta para cerrar las cada vez más anchas brechas entre un sistema de gobierno y el ideal moral que se busca construir a través de una propuesta político-jurídica.

1) *Menos texto y más contexto.* Uno de los mayores legados que el realismo jurídico norteamericano ha dejado al desarrollo de la iusfilosofía contemporánea estriba en hacernos cobrar conciencia de que el verdadero potencial del Derecho radica en el entendimiento entre las personas que lo hacen funcionar; monopolizar su comprensión o, peor aún, aislarlo de sus destinatarios merma por completo tanto su legitimidad como su carácter resolutorio. Y aunque la

máxima que proclama que «la ignorancia de la ley no exime su cumplimiento» encierra una contradicción pragmática (que todos consideremos obligatorio algo imposible de cumplir),[19] la verdad es que esta sigue siendo contemplada como un principio infalible bajo el que se rigen muchas de las actuaciones jurídicas.

Por ello, resulta incongruente que, en contraste con la atención que en décadas pasadas se ha prestado al giro lingüístico en el análisis Derecho, poco se haya hecho desde la teoría jurídica en la actualidad para lanzar una crítica seria y repensar sistemáticamente la forma en que los operadores jurídicos conciben, construyen y forjan su visión del Derecho, es decir, cómo se forman jurídicamente y conforman su racionalidad conociendo no solo sus alcances y limitaciones, sino también, y quizá sobre todo, evaluando su funcionalidad en vías de estructurar una mejor dinámica entre todas las personas implicadas en esta empresa racional.

No hay que olvidar que la materia prima con la que los operadores jurídicos realizan sus labores son las palabras, pero que estas, a su vez, cristalizan en la información con la que se establecen no solo los vínculos profesionales con sus pares, sino también con cualquier usuario del sistema. De ahí la importancia del contexto en el que se desempeñan usuarios y operadores jurídicos, así como la relevancia de abordar desde otros enfoques y disciplinas aspectos que vayan más allá de las reglas y sus relaciones lógicas de deducibilidad.

2) *Aprovechar el acento en la judicatura para trasladarlo hacia otros operadores jurídicos.* No cabe duda de que la preponderancia de las personas que fungen como funcionarios ju-

---

19 Hierro, L. (2020): «Imperio de la ley e ignorancia de la ley (sobre el modesto principio de que la ignorancia de la ley no excusa de su cumplimiento)», *Teoría & Derecho. Revista de Pensamiento Jurídico,* 18.

diciales dentro de la filosofía del Derecho contemporánea parecería ser una tendencia impuesta por el realismo, pero actualmente esto es algo dado por descontado acaso debido a la relevancia que han adquirido las teorías de la argumentación jurídica, como si el solo hecho de ser el último eslabón de la larga cadena de procesos que encierra la toma de decisiones colectivas en estos sistemas bastara para invisibilizar a todos los demás actores que operan en medio de dichas dinámicas.

En ese sentido, la actividad de otros muchos operadores del sistema —entre ellos, los abogados, los fiscales, funcionarios judiciales (no solo los juzgadores) o incluso el personal administrativo— no suele ser tomada en consideración o, mejor dicho, se concibe como un quehacer mecánico realizado por meros dependientes al servicio de terceras personas. Si se comprende de esta manera a tales actores, lo cierto es que sus labores difícilmente podrán incidir en la estructuración de mejores condiciones para fortalecer un sistema político.

Actualmente, ante un escenario en el que las razones y los argumentos deben prevalecer sobre las meras jerarquías y las razones autoritativas, no solo habría que recordar la necesidad de establecer un amplio diálogo plural en el que la deliberación colectiva sea el motor fundamental para la toma de decisiones, sino que también resulta indispensable cambiar la visión que percibe a los jueces como los únicos amos y señores de las reglas que sostienen a la sociedad. Al no permitir que el trabajo de otros operadores se conozca y, eventualmente, influya en ciertas pretensiones de justicia para reorientar las dinámicas que imperan en los sistemas políticos, se pierde una valiosa oportunidad para enriquecer las opiniones y cristalizar las exigencias sociales. De ahí que, precisamente por ello, sea interesante rescatar toda la teorización del realismo norteamericano sobre los jueces para ir integrando poco a poco —y, por tanto, atribuyendo mayor peso desde la filosofía del Derecho— a otros operadores jurídicos.

3) *Un instrumentalismo bien orientado.* En el momento en que los realistas propusieron una concepción del Derecho como fenómeno dinámico en constante renovación, quedó claro que una de las pocas maneras para conceptualizarlo era mediante la noción de instrumento. Y aunque para algunos el Derecho era entendido como un fin en sí mismo y no como un medio para la satisfacción de fines sociales, lo cierto es que no solo se trata de que, por lo general, el componente valorativo esté ausente en dicha teorización iusfilosófica, sino también de que esta inclinación redunda más bien en un escepticismo cuyo despliegue puede conducir a un panorama todavía más catastrófico que el descrito al inicio del presente trabajo.

En este sentido, el instrumentalismo propuesto por algunos de los realistas puede conllevar distintas virtudes que oscilan entre el análisis y la exploración de alternativas sociales que puedan ser canalizadas a través del Derecho. De ahí justamente que la propuesta consista en atravesar dicha idea mediante la promoción de determinados principios. La necesidad de una filosofía moral que vaya más allá de lo pragmático resulta fundamental para poder atenuar los males de los tiempos que corren y las graves problemáticas políticas en las que muchas veces parecería que el propio Derecho le ha hecho el juego al mercado para ir generando peores condiciones sociales. A fin de cuentas, se trata de que la focalización en los operadores jurídicos sea canalizada hacia la identificación de las verdaderas demandas y necesidades de la sociedad para que, una vez realizado eso, puedan desplegarse aquellas estrategias técnicas que sean más adecuadas para utilizar del Derecho como instrumento de armonización y satisfacción.

4) *Visión crítica.* Muy en línea con el punto anterior, puede afirmarse que, frente a los poderes salvajes, las injusticias generalizadas y las problemáticas estructurales, la capacidad del Derecho para instituir un escenario social un poco más promisorio se torna cada vez más difícil; de hecho, parecería que el fenómeno jurídico termina indefectiblemente obstaculizando el cambio social y avalando los crecientes desequilibrios que atraviesan el mundo contemporáneo.

Aquella clásica visión marxista que define al Derecho como el producto de una suerte de conspiración de las élites destinada a oprimir a las masas y cuyos operadores no son más que servidores del capital, guardianes del sistema y portavoces de los burgueses, cobra sentido cuando la inacción equivale a una forma de complicidad silenciosa.

No todo Estado con Derecho es un Estado de Derecho, diría el clásico, pues cuando se le atribuye al fenómeno jurídico un cariz más bien conservador y fastidioso, en distintas latitudes hoy es posible constatar la vulneración de la propia Constitución e incluso de la democracia en aras de un discurso corporativista y clientelar que no cesa de prometer un futuro mejor que, parece, nunca llegará. De ahí, entonces, que si bien en algo resulta crucial —y fértil— revisitar y revitalizar las ideas realistas es en la necesidad de atreverse a desenmascarar al formalismo jurídico todavía hoy vigente, aunque en múltiples caracterizaciones y más bien de la mano de un sistema económico tan cómplice como hipócrita.

La posibilidad de conjugar disciplinas y enfoques para promover la crítica y la imaginación ante un panorama tan difícil debería ser una lección que más juristas teóricos deberían poner en marcha ante la imperante realidad que, indefectiblemente, siempre termina rebasándonos.

En resumidas cuentas, las cuatro ideas recién expuestas (menos análisis textual, diversificación del análisis de los operadores jurídicos, instrumentalismo valorativo, y visión crítica) tienen como común denominador el afán de traer de nuevo al contexto un elemento fundamental para la comprensión del fenómeno jurídico en los tiempos que corren: la indispensable necesidad de comprender al Derecho como una práctica social que pueda ayudar a las personas a resolver problemas, encierra una exigencia de poner al día su vigencia y relevancia.

El papel cardinal de una teoría jurídica consciente de que la mejora de la práctica profesional requiere la puesta al día de ideas capaces de dialogar con otros campos del conocimiento, resulta crucial para tender puentes con la cotidianidad de millones de individuos y, como diría MacCormick, para «reflexionar sobre cuáles son los valores más adecuados para modelar las instituciones de las sociedades, los estados y las comunidades internacionales y supranacionales en las que vivimos».[20]

V. CONCLUSIONES. A VUELTAS CON EL CONTEXTO

La filosofía del Derecho que aspire a la transformación social para dar cuenta de la realidad en la que se inserta en la actualidad debe orientarse a facilitar la resolución de problemas que se plantean en la producción, interpretación y aplicación del Derecho; su valor y utilidad conceptual deben estar justamente alineados con objetivos funcionalistas o finalistas.[21] Como desde hace décadas ha insistido el profesor Witker, «es sabido que un alto grado de tecnicismo

---

20 MacCormick, N. (2010): «Argumentación e interpretación en el Derecho», trad. de J.L. Fabra y L.S. Guerra, *Doxa*, 33, p. 77.

21 Véase Atienza, M. (2017): *Filosofía del Derecho y transformación social*, Madrid: Trotta, pp. 59 y ss.

conceptual puede producir una ruptura con la realidad. Se hace necesario incorporar al proceso de aprendizaje, el Derecho en acción, el Derecho tal como se da en un contexto social específico».[22]

Por ello, no basta con educar para convertir a los futuros operadores jurídicos en los mejores expertos en Derecho dentro de un mundo en el que las problemáticas sociales son generalizadas, pero que no a todos afectan por igual. La creencia que equipara el saber "leyes" con el saber "Derecho" encuentra correlación con una de las múltiples manifestaciones del positivismo jurídico, concepción iusfilosófica que ha influido y determinado el devenir de la cultura jurídico-política imperante en los Estados modernos.

La igualación —y la reducción— de la noción de «Estado de Derecho» a la de «imperio de la ley» ha generado diversos obstáculos y retrocesos en la correcta estructuración de instituciones cuya función es velar por la garantía de los derechos de las personas que conforman una comunidad. La deformación del positivismo y su deriva hacía una especie de formalismo legalista se ha encargado de abrir cada vez más una brecha que separa la teoría de la práctica y, sobre todo, la realidad de la consecución de ciertos valores que orienta el Derecho.

La pretensión aislacionista ignora que el Derecho, entendido como constructo de las relaciones humanas influenciado por factores heterogéneos, difícilmente se despliega dentro de un sistema acabado e inmóvil. Y es que no por cerrar los ojos desaparece el contexto en el que se insertan las reglas que pretenden ordenarlo. Vale la pena recordar que, por sí solas, las leyes no provocan cambios de forma inme-

---

22 Witker Velásquez, J. A. (1985), *Técnicas de la enseñanza del derecho,* México: IIJ-UNAM-Editorial PAC, p. 77.

diata. Que desde el campo jurídico permanezca indiferente a las transformaciones sociales implica negar lo evidente.

Por ello es indispensable la guía de una iusfilosofía actual y, sobre todo, bien decantada respecto a las ideas que pueden tener vigencia y potencial en los tiempos que corren para evidenciar la importancia que el rol del Derecho debe ante un entorno tan volátil. Por decirlo en pocas palabras, su relevancia radica en hacer saber que una buena filosofía del Derecho precisa procesos cada vez más contextuales y menos textuales.

A pesar de sus múltiples problemáticas e indeterminaciones, en el realismo jurídico norteamericano subyacen ideas interesantes que, debidamente puestas al día, pueden permear alternativas interesantes para desplegar una mejor filosofía del Derecho de corte práctica y capaz de decir algo sobre los graves problemas sociales de nuestro tiempo. Quizá es imposible adoptar todos sus postulados como una teoría jurídica sensata y actual para poder dar cuenta de las prácticas que implican las dinámicas de los Estados democráticos de Derecho. Sin embargo, esto no invalida en modo alguno la propuesta de retomar ciertos fundamentos y principios que, bien entendidos, pueden tener un nada desdeñable potencial transformador.

En este sentido, el mayor reto que encara el Derecho y sus teorías en el mundo en que vivimos no es volver al realismo jurídico norteamericano —o a muchas otras concepciones históricas del fenómeno jurídico— de forma ornamental, explicándolo como una parte fundamental de las trayectorias contemporáneas de nuestra cultura, sino en identificar qué postulados o ideas pueden pensarse críticamente y añadirse a algunas otras para que generen un entorno más habitable y contribuyan a resolver los grandes problemas de estos tiempos excepcionalmente complejos que no solo enfrenta el Derecho, sino también, y quizá sobre todo, sus usuarios y operadores.

BIBLIOGRAFÍA

Atienza, Manuel (2001): *El sentido del Derecho,* Barcelona: Ariel.

— (2010): «Encuesta sobre el estado actual de los estudios sobre Argumentación», *Revista Iberoamericana de Argumentación,* 10 (1).

— (2017): *Filosofía del Derecho y transformación social,* Madrid: Trotta.

— (2020): *Una apología del Derecho y otros ensayos,* Madrid: Trotta.

Butler, Judith (2020): *Sin miedo. Formas de resistencia a la violencia de hoy,* México: Taurus.

Capella, Juan Ramón (2008): *Fruta prohibida. Una aproximación histórico-teorética al estudio del derecho y del Estado,* Madrid: Trotta.

Castoriadis, Cornelius (1996): «Le dèlabrement de l´Occident», en *La montée de l'insignifiance,* Paris: Seuil.

Córdova Vianelo, Lorenzo (2016): «El desencanto con la democracia y la importancia de los tribunales constitucionales», *Revista del Centro de Estudios Constitucionales,* vol. 9.

Ferrajoli, Luigi (2014): *La democracia a través de los derechos humanos. El constitucionalismo garantista como modelo teórico y como proyecto político,* Madrid, Trotta.

Gamper, Daniel (2019): *Las mejores palabras. De la libre expresión,* Barcelona: Anagrama.

García Ruiz, Leopoldo (1997): «Aproximación al concepto de Derecho de Roscoe Pound», en *Persona y Derecho,* 36.

García Villegas, Mauricio y Ceballos, María Adelaida (2019): *Abogados sin reglas*, Bogotá: Ariel.

Garza Onofre, Juan Jesús (2020): *«Entre abogados te veas». Aproximación multidisciplinar en torno a la abogacía y análisis iusfilosófico sobre su proyección en la teoría del derecho contemporánea*, Ciudad de México: IIJ-UNAM.

Hierro, Liborio (2020): «Imperio de la ley e ignorancia de la ley (sobre el modesto principio de que la ignorancia de la ley no excusa de su cumplimiento)», *Teoría & Derecho. Revista de Pensamiento Jurídico*, 18.

Jhering, Rudolf von ([1878] 1993): *La lucha por el Derecho*, trad. de Adolfo González Posada, Buenos Aires: Editorial Heliasta.

Kaplan, Marcos (2022): *Estado y globalización*, México: IIJ-UNAM.

Lara Chagoyán, Roberto (2021): *Manual mínimo de argumentación jurídica. La razón en la práctica*, Ciudad de México: Tecnológico de Monterrey-Tirant lo Blanch.

La Torre, Massimo (2013): «The Hierarchical Model and H. L. A. Hart's Concept of Law», *Revus. Journal for Constitutional Theory and Philosophy of Law* [Online], Klub Revus, 21.

Leiter, Brian (2015): «Realismo jurídico estadounidense», *Enciclopedia de Filosofía y Teoría del Derecho*, vol. 1, México: IIJ-UNAM.

Luban, David (1988): *Lawyers and Justice*, Nueva Jersey: Princeton University Press.

MacCormick, Neil (2010): «Argumentación e interpretación en el Derecho», trad. de J. L. Fabra y L. S. Guerra, *Doxa*, 33.

Peces-Barba Martínez, Gregorio (1986-1987): «Los operadores jurídicos», *Revista de la Facultad de Derecho de la Universidad Complutense de Madrid*, 72.

Pérez Lledó, Juan Antonio (2002): «Teoría y práctica en la enseñanza del derecho», *Anuario de la Facultad de Derecho de la Universidad Autónoma de Madrid*, 6.

Vázquez, Rodolfo (2006): *Entre la libertad y la igualdad. Introducción a la filosofía del Derecho*, Madrid: Trotta.

Witker Velásquez, Jorge Alberto (1985): *Técnicas de la enseñanza del derecho*, México: IIJ-UNAM-Editorial PAC.

ESTRUCTURA Y FUERZA NORMATIVA DE LOS DERECHOS FUNDAMENTALES. REFLEXIONES CRÍTICAS EN TORNO A SU CONCEPCIÓN EN EL CONSTITUCIONALISMO IUSPOSITIVISTA GARANTISTA DE LUIGI FERRAJOLI

Por Germán Sucar*

Resumen: El presente trabajo tiene por objeto elucidar la cuestión acerca de la estructura y la fuerza normativa de los derechos fundamentales a partir de un análisis crítico de la concepción de Luigi Ferrajoli. En este sentido, se inten-

---

* Profesor titular de tiempo completo del Departamento Académico de Derecho del ITAM (german.sucar@itam.mx) En dicha calidad, expreso mi agradecimiento a esta institución y especialmente a su biblioteca, así como a la Asociación Mexicana de Cultura por su apoyo financiero. Quiero expresar mi reconocimiento, asimismo, a Ramón Ortega García, por haberme invitado a participar en este volumen con esta contribución, así como por su señalamiento de la importancia de la teoría de los derechos fundamentales de Ferrajoli para la actividad jurisdiccional. Igualmente, deseo expresar mi agradecimiento al Dr. Pablo Rapetti, cuyos valiosos comentarios a una versión anterior de este trabajo me permitieron enriquecerlo, y al Dr. Horacio Corti por sus reflexiones críticas sobre algunos aspectos de esta contribución que me proporcionaron una visión más amplia de la teoría de Ferrajoli (todas las cuales no he podido, sin embargo, consignar aquí).

ta ofrecer una respuesta que se estima plenamente consecuente con los postulados del positivismo jurídico a la vez que indicar aquellos aspectos en los que consideramos que la concepción de Ferrajoli no lo es. Con ello pretendemos ofrecer una visión más clara, precisa y articulada de dicha cuestión.

Palabras clave: Derechos fundamentales, estructura, fuerza normativa, sistema jurídico, iuspositivismo, (neo)constitucionalismo, garantismo, Luigi Ferrajoli, (in)derogabilidad, (in)derrotabilidad, Frederick Schauer, sistema comunicacional, sistema atrincherado.

Abstract: *The purpose of this work is to elucidate the question about the structure and normative force of fundamental rights based on a critical analysis of Luigi Ferrajoli's conception. In this sense, I try to offer a response that is considered fully consistent with the postulates of legal positivism while also indicating those aspects in which we consider that Ferrajoli's conception is not. With this we intend to offer a clearer, more precise and articulated vision of this issue.*

Keywords: *Fundamental rights, structure, normative force, legal system, legal positivism, (neo)constitutionalism, guaranteeism, Luigi Ferrajoli, (un) derogability, (un) rotatability, Frederick Schauer, communication system, entrenched system.*

INTRODUCCIÓN

¿Cuál es la estructura de los derechos fundamentales? ¿En qué consiste su fuerza normativa? En lo que sigue, intentaré dar una respuesta a estos interrogantes capitales desde el positivismo jurídico y a través de la propuesta de Luigi Ferrajoli.

Tomar como punto de partida y eje de mis reflexiones la concepción de Ferrajoli presenta, para mí, dos atractivos solo en apariencia paradójicos: se trata, en primer término, de una explicación y una defensa particularmente robustas de los derechos fundamentales articuladas en el marco del modelo teórico del iuspositivismo normativista y convencionalista que suscribo.[1] La apariencia paradojal

---

1 Brevemente expuesto, concibo el *iuspositivismo* como una teoría (en sentido explicativo) sobre la naturaleza del Derecho y del conocimiento jurídico caracterizada sobre la base de dos grandes tesis (asumidas como postulados teóricos): la tesis de las fuentes sociales (i.e., la existencia y el contenido del Derecho dependen exclusivamente de hechos sociales) y la tesis epistémica de la neutralidad (el Derecho como institución social, así como los conceptos jurídicos, pueden ser definidos de manera valorativamente neutra, sin que sea necesario adoptar un punto de vista interno o del participante). La tesis de las fuentes sociales implica dos subtesis: i) la tesis de que no hay una conexión necesaria (o conceptual) entre el Derecho y la moral en el nivel de la identificación del Derecho; y ii) la tesis de los límites o de la discrecionalidad, de acuerdo con la cual el Derecho puede resultar indeterminado por algún defecto o insuficiencia en sus fuentes, hipótesis en la cual, de tener que decidir un caso, habrá que hacerlo sobre la base de estándares extrajurídicos (lo que no quiere decir, sin embargo, arbitrariamente). Así concebido, como una teoría en sentido explicativo en la que nada puede válidamente afirmarse respecto a cómo debería ser el Derecho o respecto de si, tal como es, de hecho, debe o no ser obedecido y aplicado, el iuspositivismo es neutral tanto respecto del cognoscitivismo y del no cognoscitivismo ético, como de la tesis de la conexión o no conexión necesaria entre el Derecho y la moral *en el plano*

proviene del hecho de que la gran mayoría de los desarrollos teóricos sobre los derechos fundamentales provienen del campo antipositivista. En este sentido, la teoría de los derechos fundamentales de Ferrajoli es extraordinaria en un doble sentido: por su excepcionalidad y, sobre todo, por su profundidad y alcances tanto teóricos como político-morales. En los límites que me impone este trabajo, no confrontaré las diferentes variantes del antipositivismo,[2] sino que me enfocaré en ofrecer una reflexión crítica de la concepción de Ferrajoli, reflexión de índole interna a su modelo sobre la estructura y fuerza normativa de los derechos fundamentales.

Dado que la obra de Ferrajoli es sumamente vasta, me concentraré tan solo en algunos de sus trabajos en los que se ha ocupado de manera especialmente saliente de los temas aquí contenidos. He procurado, a tal efecto, realizar una selección que me permita tener en cuenta algunas modificaciones, precisiones o ajustes particularmente significativos en la formulación de sus tesis. Muchos de estos cambios han sido consecuencia de los profusos e intensos debates de alta calidad académica que Ferrajoli ha mantenido a lo largo

---

justificatorio. Por *normativismo* entiendo la tesis que consiste en: a) concebir al Derecho, básicamente, como un conjunto de normas positivas válidas (y no, por ejemplo, de ciertos hechos, como algunos realistas jurídicos); y b) concebir al conocimiento jurídico, básicamente, como aquel que consiste en explicitar el estatus deóntico-jurídico de las acciones que se desprenden de las normas válidas que integran dichos sistemas. Por *convencionalismo* entiendo, esencialmente, la tesis de que los criterios de validez jurídica (y, por ende, lo que cuenta y no cuenta como Derecho) dependen de ciertas prácticas sociales contingentes y variables. Para un desarrollo más detallado, véase Sucar (2008 y 2019). Como trataré de mostrar, Ferrajoli acepta este conjunto de tesis aun si no expone todas ellas de manera sistemática ni emplea la denominación «iuspositivismo, normativista, convencionalista».

2 Al respecto, permítaseme remitir a Sucar (2008 y 2019).

del tiempo con un gran número de especialistas, principalmente constitucionalistas o filósofos del Derecho (o ambas cosas). Sin embargo, no resulta posible, en el marco de este trabajo, tomar en consideración esta (muy abundante) bibliografía secundaria sobre su obra.

Ensayar una respuesta a los interrogantes que me propongo afrontar conllevará un recorrido en varios puntos sucesivos de complejidad creciente con una suerte de paréntesis intermedio. Así, antes de detenerme en la caracterización de la estructura de los derechos fundamentales que ofrece Ferrajoli y en la explicación que el autor brinda de su fuerza normativa (II), conviene comenzar por su entendimiento de las nociones de *(neo)constitucionalismo* y de *iuspositivismo*, ya que la articulación de estas dos nociones constituye el marco conceptual en el que cobra sentido su concepción de los derechos fundamentales (I). Tras la exposición de estos aspectos de su teoría, formularé una crítica a su concepción de los derechos fundamentales como cierto tipo de principios desde una concepción iuspositivista. Insistiendo en el carácter explicativo (o descriptivo) de una teoría positivista del Derecho, sostendré que Ferrajoli atribuye una fuerza normativa a los derechos fundamentales que estos no necesariamente poseen en la configuración de que están dotados en el Derecho positivo, de modo que la fuerza normativa que les asigna resulta ser más una consecuencia de su concepción práctico-normativa que de un análisis descriptivo de los sistemas jurídicos. Ello es, sin embargo, contradictorio con la noción de positivismo jurídico que él mismo suscribe. Una consecuencia de esta crítica es que, cuando en el marco de la identificación del Derecho no es posible atribuir a un derecho fundamental de cierto sistema jurídico la fuerza normativa que Ferrajoli le atribuye al concebirlo como un principio de cierto tipo, entonces también queda afectado un elemento fundamental de su estructura: la operatividad en forma de subsunción (IV). Para acometer una parte de mi crítica me valdré de la distinción de Frederick Schauer entre *sistema comunicacional* y *sistema atrincherado,* entendidos como dos formas de la toma de decisiones, así como de su noción de *fuerza normativa* (III). Si bien los apartados I a III son principalmente expositivos y mis consideraciones críticas recaen en lo fundamental en el apartado IV, en el segundo iré ya introduciendo algunos interrogantes y observaciones a fin de —por decirlo así— ir preparando el terreno para el desarrollo más concreto de dichas consideraciones críticas. En este sentido, estas se encuentran hilvanadas progresivamente y han de ser integradas, pues constituyen una unidad.

I. EL CONSTITUCIONALISMO JURÍDICO IUSPOSITIVISTA DE FERRAJOLI

Ferrajoli comienza identificando un rasgo común a todas las concepciones del constitucionalismo: la idea de subordinación de los poderes públicos —incluido el poder legislativo— a una serie de normas superiores: las constituciones que establecen derechos fundamentales. Ello conduce, de acuerdo con Ferrajoli, a distinguir el constitucionalismo *como un tipo de sistema jurídico,* caracterizado por incorporar no solo límites y vínculos formales (procedimentales), sino también sustanciales (de contenido) rígidamente impuestos a todas las fuentes normativas por las normas supraordenadas jerárquicamente en el sistema (la Constitución); y un constitucionalismo *como teoría del Derecho* que se caracteriza por ser una concepción de la validez de las leyes ligadas no solo a la conformidad de sus formas de producción con las normas procedimentales, sino también de sus contenidos con los principios de justicia constitucionalmente establecidos.[3]

Ahora bien, más allá de dicho rasgo común, para Ferrajoli, el constitucionalismo podría ser concebido de dos maneras opuestas: o bien como una superación del positivismo jurídico, o bien como una expansión o perfeccionamiento del positivismo jurídico. Ferrajoli se inclina por esta última opción.[4]

Al efecto, nos provee la siguiente definición de «iuspositivismo»: una concepción o un modelo de Derecho que reconoce como «Derecho» a todo conjunto de normas puestas o producidas por quien está habilitado para hacerlo con independencia de cuáles fueran sus contenidos y, por lo tanto, de su eventual injusticia[5]. Esta definición no es sino lo que desde Herbert L. A. Hart se ha llamado la *tesis de la separación (conceptual) entre el Derecho y la moral.*[6]

Dicho esto, Ferrajoli se preocupa de distinguir con nitidez el constitucionalismo jurídico del constitucionalismo político. Así, el primero apunta a sistemas jurídicos con constituciones rígidas (propias del siglo XX y posteriores a la postguerra), de modo que su rasgo central es la existencia de límites y garantías jurídicas internas, es decir, incorporados a ellos mismos, y/o a una teoría vinculada con ellos. El segundo, en cambio, apunta a la práctica y a la concepción de los poderes públicos dirigida a su limitación, en garantía de determinados ámbitos de libertad, lo cual es algo moderno, pero también antiguo. Se trata de un mero sinónimo de «Estado liberal», y aquí los límites a los poderes, como garantía de las libertades son límites y garantías externas al sistema jurídico.[7]

---

3 Ferrajoli (2010: 16).
4 *Ídem.*
5 *Ídem.*
6 Hart (1958 y 1961); y Ferrajoli (*ibídem*: especialmente, 26 y 32).
7 Ferrajoli (2010: 17-18).

Con las constituciones rígidas de la segunda mitad del siglo XX (rigidez constitucional) se habría producido un verdadero cambio de paradigma en la estructura misma de los sistemas jurídicos, esto es, en el Derecho positivo. La expresión «constitucionalismo», empleada para referirse a una ideología, aun cuando realizada de hecho en ordenamientos dotados de sólidas tradiciones liberal-democráticas, no permite dar cuenta de este cambio de paradigma.[8] Lo dicho sobre los sentidos de «constitucionalismo» también se aplica a la expresión «neoconstitucionalismo», solo que esta última posee, por lo general, una connotación inclinada hacia una posición iusnaturalista o antipositivista —de la que Ferrajoli se quiere desmarcar— que ignora la variante iuspositivista —que Ferrajoli defiende—.[9]

En suma, el constitucionalismo jurídico, como relativo al sistema jurídico, se caracteriza para Ferrajoli por el rasgo distintivo de la existencia positiva de una *lex superior* a la legislación ordinaria, con independencia de las diversas técnicas adoptadas para garantizar su superioridad jerárquica, típicamente el control difuso (que consiste en la no aplicación de las leyes constitucionalmente inválidas) o el control concentrado (que consiste en la anulación de las leyes constitucionalmente inválidas).[10]

Un rasgo fundamental del modelo teórico de Ferrajoli es su concepción de la jurisdicción. El progreso del Estado de Derecho es, a su juicio, simultáneo y paralelo al desarrollo del papel de la jurisdicción. La trasformación en la función de la jurisdicción obedece, en su visión, a dos grandes factores: por un lado, al cambio de estructura del sistema jurídico ocurrido en la segunda mitad del siglo XX con la evolución

---

8 *Ibídem*: 18.

9 *Ídem*.

10 *Ibídem*: 19.

de las formas del Estado legislativo de Derecho a las formas del Estado constitucional de Derecho; por otro, al cambio de estructura del sistema político producido por el desarrollo del Estado social y, por lo tanto, de la intervención del Estado en la economía y la sociedad.[11] Para Ferrajoli, «la sujeción a la ley y antes que nada a la constitución, transforma al juez en garante de los derechos fundamentales, también frente al legislador, a través de la censura de la invalidez de las leyes y demás actos del poder político que puedan violar aquellos derechos, promovida por los jueces ordinarios y declarada por las cortes constitucionales».[12] Si bien el legislador —bajo estos parámetros— está sujeto al respeto de las previsiones constitucionales (tanto formales como sustantivas) en el dictado de la ley, el poder jurisdiccional, además de aplicar la Constitución (a la que está sujeto), debe realizar un control de constitucionalidad (no solo formal sino también material) de la legislación. El poder jurisdiccional tiene, en este sentido, preeminencia sobre el poder legislativo y es, por así decirlo, el último guardián de los derechos fundamentales que tiene la última palabra sobre su observancia y alcances. Como tendremos ocasión de ver a lo largo de este trabajo, el rol de la jurisdicción constituye una pieza angular en la concepción de Ferrajoli sobre la estructura y la fuerza normativa de los derechos fundamentales en el marco de su constitucionalismo iuspositivista garantista.

II. LA ESTRUCTURA Y LA FUERZA NORMATIVA DE LOS DERECHOS FUNDAMENTALES EN LA TEORÍA DE FERRAJOLI

Ferrajoli discrimina dos grandes formas de diferenciar los principios y las reglas que resultan relevantes para nues-

---

11 Ferrajoli (2003: 23-24).

12 Ferrajoli (1997: 2-3).

tros propósitos, toda vez que ellas se emplean para caracterizar a los derechos fundamentales y, más precisamente, para dar cuenta de su estructura y su fuerza normativa.

Así, Ferrajoli llama *constitucionalismo argumentativo o principialista* a la concepción que sostiene las dos tesis siguientes: 1) hay una diferencia de estructura entre los principios y las reglas, de modo que, 2) mientras que las reglas operan a través de la subsunción (i.e., si se da una instancia concreta del antecedente contemplado genéricamente por la regla, entonces debe aplicarse el consecuente establecido en dicha regla); los principios, en cambio, operan a través de la ponderación legislativa y judicial (i.e., que se respetan en mayor o menor medida y que, por ello, son sopesados entre sí cuando entran en conflicto, lo que ocurriría a menudo, de ahí el carácter central de la argumentación). La segunda orientación, el *constitucionalismo normativo o garantista* —al que suscribe Ferrajoli—, sostiene la tesis de que los principios (que se relacionan con derechos fundamentales) funcionan como reglas, es decir, bajo el modelo de la subsunción. El *constitucionalismo argumentativo o principialista* reconstruye teóricamente los derechos fundamentales como valores o principios morales estructuralmente distintos a las reglas, de modo que aquellos tendrían una normatividad más débil que estas.[13] Por el contrario, el *constitucionalismo normativo o garantista* «se caracteriza por una normatividad fuerte, es decir, por la tesis de que la mayor parte (si no todos) [...] los derechos fundamentales, se comportan como reglas, pues implican prohibiciones de lesión u obligaciones de prestación [...]». [14] La primera alternativa presupone la conexión entre el Derecho y la moral, mientras que la segunda presupone la tesis de la separación entre el Dere-

---

13 Ferrajoli (2010: 20-21 y 22).

14 *Ibídem*: 21.

cho y la moral.[15] Por lo demás, Ferrajoli precisa que las tesis del *constitucionalismo argumentativo o principialista* no están conceptualmente vinculadas con el iusnaturalismo o el antipositivismo, si bien, de hecho, son sostenidas por ellos, por lo que bien podrían ser adoptadas por un iuspositivista.[16]

De acuerdo con mis propósitos, me interesa aquí retener solo dos de las críticas que Ferrajoli dirige contra el *constitucionalismo argumentativo o principialista.* En primer lugar, que su distinción cualitativa entre principios y reglas produce un debilitamiento de las constituciones y, por ello, de la jerarquía de las fuentes. En segundo lugar, que su reconstrucción del funcionamiento de los principios en términos de ponderación (y no de subsunción) conlleva un activismo judicial que genera un debilitamiento de la sujeción de los jueces a la ley y de la certeza del Derecho que, a su vez, debilita las fuentes de legitimación de la jurisdicción.[17]

Comencemos con la primera crítica. Ferrajoli reconoce que «ciertamente existen principios [constitucionales] que enuncian valores y directivas de carácter político, cuya observancia o inobservancia no es fácil identificar»,[18] pero, a su juicio, se trata de «normas relativamente marginales».[19] No obstante, a fin de distinguir este tipo de principios constitucionales de otros que considera mayoritarios, establece la distinción entre *principios directivos o directivas* y *principios regulativos o imperativos.* Los segundos, a diferencia de los primeros, son *inderogables.*[20] Su definición de los *principios directivos o directivas* es la siguiente: «[...] expectativas genéricas

15 Véase, *ibídem*: 28-34 y 24-28, respectivamente.

16 *Ibídem*: 20.

17 *Ibídem*: 28.

18 *Ibídem*: 37.

19 *Ídem.*

20 *Ibídem*: 37.

e indeterminadas, no de hechos, sino de resultados». Por su parte, los *principios regulativos o imperativos* «expresan, en cambio, expectativas específicas y determinadas, a los que corresponden límites o vínculos, es decir, garantías, consistentes en las correspondientes prohibiciones de lesión y obligaciones de prestación».[21]

A continuación, Ferrajoli ofrece ejemplos de uno y otro tipo de principios, lo que asimismo constituye una oportunidad para reconocer una tercera categoría intermedia entre ambos: la de los derechos sociales. Dada la importancia que tendrán estos ejemplos para nuestras consideraciones críticas sobre la estructura y fuerza normativa que Ferrajoli atribuye a los derechos fundamentales —categorizados como principios regulativos o imperativos—, me permito citarlo textual y extensamente:

> «En este sentido, por ejemplo, son **principios directivos** gran parte de los "principios rectores de la política social y económica", que es el nombre del Capítulo III del título I de la Constitución española. Pero piénsese también en el art. 1 de la Constitución italiana: "Italia es una República democrática, fundada en el trabajo"; o en el art. 9: "la República promoverá el desarrollo de la cultura y la investigación científica y técnica. Tutelará el paisaje y el patrimonio histórico y artístico de la Nación"; o también en el art. 47: "la República fomentará y tutelará el ahorro en todas sus formas". En todos estos casos, en efecto, los principios, como dice Alexy, son "mandatos de optimización, caracterizados por el hecho de que pueden ser cumplidos en diferente grado" y por carecer, como escribe Zagrebelsky, de supuestos de hecho que hagan concebible su inobservancia. Un **lugar intermedio** entre los principios directivos y los principios regulativos es el que ocupan los **derechos sociales**, que […] imponen al legislador la producción de

[21] *Ibídem*: 37-38.

leyes de actuación que introduzcan sus garantías primarias —como las normas sobre la escuela pública, el servicio sanitario gratuito y similares—, obviamente sin poder precisar sus formas, la calidad ni el grado de protección: principios regulativos inderogables, por tanto, en lo que se refiere al *an* de su actuación legislativa, pero al mismo tiempo directivos en lo que se refiere al *quomodo* y al *quantum*, es decir, las formas y la medida de la actuación misma.

Todos los demás principios, como por ejemplo el de igualdad y los derechos de libertad, son, en cambio, **regulativos**, siendo materialmente posible, pero deónticamente prohibida, su inobservancia. Consisten en normas simplemente formuladas de manera diversa a las reglas: con referencia a su respeto y no —como ocurre con las reglas— a su violación y a su consiguiente aplicación. Prueba de ello es que también las reglas, incluso las penales —a las que se exige la máxima taxatividad—, cuando son observadas, son también consideradas como principios, que no se aplican, sino que se respetan: por ejemplo, la observancia de las normas sobre el homicidio, las lesiones personales o el hurto, equivale al respeto de los principios de la vida, la integridad personal y la propiedad privada. Se puede incluso afirmar que detrás de cada regla hay también un principio: hasta detrás de la prohibición de estacionamiento de los vehículos o detrás de la obligación de frenar ante el semáforo en rojo, hay principios, como los de la seguridad y la mayor eficiencia y racionalidad del tráfico rodado. A la inversa, también los principios regulativos, cuando son violados, se presentan como reglas, que no se respetan sino que se aplican: por ejemplo, el principio constitucional de igualdad, cuando es violado, se manifiesta, en relación con sus violaciones, como regla: precisamente la que prohíbe las discriminaciones. Y estas son seguramente supuestos típicos de la correspondiente prohibición, cuya comprobación no consiste en una ponderación, sino en una subsunción. Incluso principios tan vagos e imprecisos como la dignidad de la persona o los de taxatividad o lesividad propios del Derecho penal, cuando son violados por comportamientos

> lesivos de la dignidad o por leyes penales que prevén como delitos hechos inciertos o inofensivos, se manifiestan como reglas, cuya violación es subsumida en estas, de modo similar a lo que sucede con cualquier acto ilícito o inválido; y lo opinable de la subsunción no depende, en estos casos, de la formulación de las respectivas normas en principios, sino solo —tal como ocurre también con las reglas— del uso de palabras vagas o imprecisas, como "dignidad", "certeza" y "lesividad"».[22]

De lo expuesto, y vista la distinción entre estos tres tipos de principio, me interesa retener solo lo siguiente en lo tocante exclusivamente a los principios regulativos o imperativos:

1) Su violación es fácticamente posible, pero está absolutamente prohibida desde el punto de vista deóntico, esto es, que su prohibición no admite excepciones. En esto último consiste su carácter de *inderogables* mencionado más arriba.

2) Ejemplos típicos de su especie son el derecho de igualdad y los derechos de libertad.

3) La única diferencia con las (meras) reglas (i.e., aquellas reglas que no son principios) tiene que ver con el modo de su formulación: los principios regulativos o imperativos hacen referencia a su respeto, mientras que las reglas, en cambio, hacen referencia a su violación y a su consiguiente aplicación. Por lo tanto, no hay ninguna diferencia en la estructura normativa de ambos tipos de normas en el sentido de que ambos pueden operar bajo el modo de la subsunción (y no de la ponderación).

---

22 *Ibídem*: 38-39; el énfasis en negrita me pertenece.

4) Dado que las reglas (con estatus infraconstitucional) son jerárquicamente inferiores a la Constitución, podrían ser declaradas inaplicables, nulas o ser derogadas completamente, o estar sujetas a ciertas excepciones en su aplicación, si contradicen material o formalmente una norma constitucional. En cambio, los principios regulativos (que establecen derechos fundamentales), en la medida en que están supraordinados a todo el resto del ordenamiento jurídico, no pueden estar sujetos a ninguna de las mencionadas medidas (en el marco del sistema jurídico interno o nacional), por lo menos por parte de la legislación ordinaria dado que —vale la pena aclararlo—, podrían ser objeto de una reforma constitucional si la Constitución así lo permite. En este sentido, la fuerza normativa de las reglas y de los principios regulativos (que establecen derechos fundamentales) es diferente: solo los segundos son *inderogables* (i.e., no admiten, desde el punto de vista del Derecho positivo, ninguna de las referidas medidas a que están sujetas las meras reglas de rango infraconstitucional).
5) Su estructura y fuerza normativa deben ser nítidamente distinguidas del problema de la vaguedad que eventualmente posea(n) alguno o varios de los conceptos contenidos en ellos: las dudas sobre la subsunción de una instancia particular en el contenido contemplado por un principio regulativo o imperativo, producto de la vaguedad, en nada afectan su carácter inderogable y no debe ser confundido con este último.

Para Ferrajoli, *justamente* porque los derechos fundamentales son *universales*, «consisten en normas, interpretables siempre como reglas, a las que corresponden deberes absolutos (*erga omnes*) que también consisten en reglas».[23] Así, «[p]or ejemplo, el art. 32 de la Constitución italiana sobre el derecho a la salud, equivale a la norma —que, por lo demás, está explicitada en él— según la cual la República «garantiza [es decir, debe garantizar] tratamientos gratuitos»; el art. 21 sobre la libertad de manifestación del pensamiento equivale a la regla según la cual está prohibido impedir, perturbar o limitar la libre manifestación del pensamiento; el art. 16 sobre la libertad de circulación, que la misma Constitución tutela dentro los límites impuestos por la salud y la seguridad, equivale a la prohibición de limitar la libertad de circulación, salvo "por motivos de salud o de seguridad"».[24]

Este es el punto nodal en el cual, de acuerdo con Ferrajoli, se muestra que la concepción de los derechos fundamentales como principios regulativos o imperativos implica —y, por ende, también el constitucionalismo normativo o garantista del cual este forma parte— una concepción *fuerte* de la normatividad. Por el contrario, la concepción de los derechos fundamentales como principios directivos o directivas —y, por ende, también el constitucionalismo argumentativo o principialista del que forma parte— implica una concepción *débil* de la normatividad. Esta no es, para Ferrajoli, una mera cuestión de palabras, sino que tiene relevantes «implicaciones prácticas»:[25]

> «Su aspecto más insidioso es la radical reducción del valor vinculante de todos los principios, tanto más si son de rango constitucional. Esta es una tesis sostenida abiertamente por Alfonso García Figueroa, a quien se debe reconocer, en relación con los demás principialistas, el mérito de la cohe-

---

23 *Ibídem*: 39-40.
24 *Ibídem*: 40.
25 *Ídem*.

> rencia y de la claridad: "los principios son normas derogables" o, tal como se usa decir hoy, "derrotables", afirma, y la "derrotabilidad es una propiedad esencial de las normas jurídicas en los Estados constitucionales"; entendiéndose por "derrotabilidad" el hecho de que "una norma *N puede* resultar inaplicada y *debe* serlo *si y solo si* se manifiestan nuevas excepciones no previstas *ex ante* y justificadas", a través de la ponderación».[26]

Resalto lo de "implicaciones *prácticas*" y también destaco una ambigüedad en la aludida tesis de García Figueroa: ¿se trata de una tesis descriptiva respecto de lo que ocurre *de hecho* en los sistemas jurídicos (más allá de sus previsiones) o se trata de una propuesta práctico-normativa, esto es, acerca de cómo deberían actuar político-moralmente los jueces en los casos concernidos por la aplicación de principios? En realidad, hay una tercera posibilidad: que se trate de una tesis relativa a lo que prescriben los sistemas jurídicos. Esta última sería una tesis relativa a la identificación del Derecho, la cual, desde un punto de vista iuspositivista excluyente —como el que sostengo—, es una tesis teórica o descriptiva implicada por la tesis de las fuentes sociales.[27]

Es el momento de analizar la segunda crítica de Ferrajoli a la concepción de los derechos fundamentales como meros principios directivos, esto es, aquella que tiene que ver con el activismo judicial que produce un debilitamiento de la sujeción de los jueces a la ley y de la certeza del Derecho que, a su vez, debilitan a las fuentes de legitimación de la jurisdicción.[28] Esta tesis sería una consecuencia directa de concebir a las normas constitucionales como «principios ético políticos fruto de argumentaciones mo-

---

26 *Ídem.*

27 Véase Sucar (2008).

28 Ferrajoli (2010: 43).

rales»[29] y no como normas rígidamente vinculantes a las que se encuentran sometidas tanto la legislación como la jurisdicción. Un ejemplo elocuente de ello serían los principios inventados por la jurisprudencia, carentes de todo anclaje constitucional, ni siquiera implícito o indirecto, tales como, en Brasil, el «principio de precaución» contra posibles decisiones que puedan causar daños no calculados o el «principio de no sorpresa» para garantizar la seguridad del ciudadano contra decisiones demasiado inesperadas, etc. Aquí estaríamos ante "«verdaderas y propias invenciones normativas, en contraste con la sujeción de los jueces a la ley». Esto sería así porque «[l]os principios constitucionales —en particular los que enuncian derechos— son normas prescriptivas, no neutralizables por principios ético políticos».[30]

Al respecto, por ahora, solamente formularé unas preguntas: ¿la tesis de la sujeción de los jueces a la ley es una tesis relativa a la identificación del Derecho? ¿O es una aspiración práctico-normativa de corte político-moral? ¿O ambas cosas? En cualquier caso, la defensa (o crítica) de cada una de ellas —en el marco del positivismo jurídico— obedece a argumentos independientes y de distinta naturaleza.

En un trabajo anterior al que venimos comentando, Ferrajoli propone lo que denomina una definición *teórica* o puramente *formal* o *estructural* de la noción de derechos fundamentales:

> «Son "derechos fundamentales" todos aquellos derechos subjetivos que corresponden universalmente a "todos" los seres humanos en cuanto dotados de *status* de personas, ciudadanos o personas con capacidad de obrar; entendiendo por "derecho subjetivo" cualquier expectativa positiva

---

29 *Ídem.*
30 *Ídem.*

> (de prestaciones) o negativa (de no sufrir lesiones) adscrita a un sujeto por una norma jurídica; y por "*status*" la condición de un sujeto, prevista asimismo por una norma jurídica positiva, como presupuesto de su idoneidad para ser titular de situaciones jurídicas y/o autor de los actos que son ejercicio de estas».[31]

Ferrajoli enfatiza que se trata de una definición teórica y no dogmática. Lo primero, por cuanto, aun estando estipulada con referencia a los derechos fundamentales positivamente sancionados por leyes y constituciones en las actuales democracias, prescinde de la circunstancia de hecho de que en tal o cual ordenamiento tales derechos se encuentren o no formulados en cartas constitucionales o leyes fundamentales e, incluso, del hecho de que aparezcan o no enunciados en normas de Derecho positivo. Respecto de lo segundo, en la medida en que dicha definición no es formulada con referencia a las normas de un ordenamiento concreto como, por

---

[31] Ferrajoli (1998: 19). En este trabajo Ferrajoli ofrece también una clasificación de los derechos fundamentales en dos grandes divisiones que no serán objeto de nuestro análisis. Por una parte, distingue los *derechos de la personalidad* (relativos a toda persona) y los *derechos de la ciudadanía* (relativos solo a los ciudadanos); por la otra, *los derechos primarios* o *sustanciales* (que corresponden a todas la personas) y los *derechos secundarios, instrumentales* o *de autonomía* (que corresponden solo a las personas con capacidad de obrar). A su vez, cruzando estas distinciones obtiene cuatro clases de derechos fundamentales: los *derechos humanos* (que son los derechos primarios de todas las personas que corresponden a todas ellas indistintamente); los *derechos públicos* (que son los derechos primarios reconocidos solo a los ciudadanos); los *derechos civiles* (que son los derechos secundarios adscritos a todas las personas capaces de obrar); y los *derechos políticos* (que son los derechos secundarios reservados únicamente a los ciudadanos). Los derechos a la vida, a la integridad de la persona, así como la libertad personal, la libertad de conciencia y de manifestación de pensamiento, al igual que el derecho a la salud, a la educación y las garantías procesales son categorizados por Ferrajoli como derechos humanos. *Ibídem*: 22-23.

ejemplo, la Constitución italiana o la Constitución española[32]. Por lo demás, la previsión de un derecho fundamental en un texto constitucional sería solo una garantía de su observancia por parte del legislador ordinario, que en nada afecta al concepto de derecho fundamental:[33] "son fundamentales, por ejemplo, también los derechos adscritos al imputado por el conjunto de garantías procesales dictadas por el código procesal penal, que es una ley ordinaria".[34]

Surge aquí una pregunta: si un derecho fundamental puede ser establecido en un sistema jurídico no solo por normas constitucionales, sino también infraconstitucionales, ¿debe concluirse que, para Ferrajoli, un derecho fundamental es inderogable cualquiera sea su fuente (i.e., constitucional o infraconstitucional)? Parecería que no, dado que, *a contrario sensu* de lo afirmado por Ferrajoli, a diferencia de los derechos fundamentales consagrados en la Constitución, aquellos consagrados en fuentes infraconstitucionales —como, por ejemplo, las leyes— no tendrían la garantía de observancia del legislador ordinario. *Por lo tanto, en rigor, deberíamos decir que solo los derechos fundamentales consagrados en una fuente constitucional son inderogables. Por ende, su fuerza normativa les viene dada por su fuente y no por su estructura.*

De acuerdo con esta definición teórica, según Ferrajoli, los derechos fundamentales se caracterizan por ser «universales» en el sentido «puramente lógico y avalorativo de la cuantificación universal de la clase de los sujetos que son titulares de los mismos».[35] Para Ferrajoli, este rasgo estructural de los derechos fundamentales «comporta el carácter inalienable e

---

32 *Ibídem*: 19-20.
33 *Ibídem*: 20.
34 *Ídem*.
35 *Ídem*.

indisponible de los intereses sustanciales en que consisten».[36] Por su rasgo de universalidad, los derechos fundamentales pueden ser identificados como la base de la igualdad jurídica, aun si la referida definición de los derechos fundamentales no solo es válida para cualquier ordenamiento (esto es, posee un carácter general), sino que es también ideológicamente neutral (en la medida en que es independiente de los bienes, valores o intereses que constituyen su objeto).[37]

A modo de síntesis de este apartado, podemos establecer que, para Ferrajoli:

i) En cuanto a su estructura, los derechos fundamentales categorizados como principios regulativos o imperativos, poseen tres características esenciales: son universales, tienen condiciones cerradas de aplicación en su antecedente y operan bajo el modo de la subsunción.

ii) En cuanto a su fuerza normativa, ellos son, cuando están consagrados en una fuente constitucional, inderogables (o inalienables) e indisponibles.[38]

---

36 *Ibídem*: 21. El énfasis en itálica me pertenece. La empleo aquí para hacer notar una característica adicional de los derechos fundamentales en relación con lo expuesto hasta ahora, dado que asumo que la referida «inalienabilidad» es sinónima de la ya mencionada inderogabilidad. Mientras que la indisponibilidad tiene que ver con que los derechos fundamentales no son renunciables por su titular, la inalienabilidad o inderogabilidad tienen que ver con que no son atacables por las autoridades legislativas y judiciales.

37 *Ídem*.

38 Como puede apreciarse, discrimino tres elementos en la estructura de los derechos fundamentales categorizados como principios regulativos o imperativos (universalidad, condiciones cerradas de aplicación en su antecedente y subsunción), a la vez que los separo de su fuerza normativa. Debe tenerse en cuenta, en primer lugar, que se trata de una distinción analítica y que no implica que los elementos de la estructura no estén relacionados con la fuerza normativa (como veremos, ocurre lo contrario). En segundo lugar, que esta

Ahora bien, hasta aquí el análisis de la fuerza normativa de los derechos fundamentales se ha desarrollado principalmente en relación con el plano *intrasistemático* de los ordenamientos jurídicos. Sin embargo, es muy importante consignar lo que sostiene Ferrajoli en relación con el plano *extrasistemático*, es decir, la fuerza normativa de los derechos fundamentales en relación con la moral (en la medida en que esta no esté, desde luego, ya juridificada por estar contemplada por una norma jurídica).

Para estar seguros, en primer lugar, Ferrajoli reconoce que «el constitucionalismo no es otra cosa que la positivización de los principios de justicia y de los derechos humanos históricamente afirmados en las cartas constitucionales»,[39] de modo que las normas jurídicas pueden tener un contenido moral o de pretensión de corrección, nada de lo cual comporta una contradicción con la tesis de la separación entre el Derecho y la moral.[40] Lo que Ferrajoli niega, en cambio —según lo entiendo—, de conformidad con la tesis de la separación (conceptual) entre el Derecho y la moral que adopta, es que la referida positivización de principios de justicia signifique una conexión necesaria o conceptual con una moral objetiva que opere como parámetro de validez jurídica en lo tocante a la identificación del Derecho.[41] Ahora bien, a mi entender Ferrajoli formula una segunda objeción en contra de quienes pretenden impugnar la tesis de la separación (conceptual)

---

distinción entre los elementos de la estructura y su fuerza normativa no corresponde a Ferrajoli mismo, quien se limita más bien a englobar tanto la universalidad, las condiciones cerradas de aplicación en su antecedente y la subsunción, como la fuerza normativa, como características de su concepto de principios regulativos o imperativos y de derechos fundamentales.

39 Ferrajoli (2010: 28).

40 *Ídem*.

41 *Ibídem*: 29-30.

entre el Derecho y la moral, que es diferente de la recién mencionada. Ferrajoli afirma, en efecto, que una concepción objetiva de la moral (i.e., cognoscitivismo ético) conduce inexorablemente al «absolutismo moral y, consiguientemente, a la intolerancia ante las opiniones morales disidentes».[42] Inversamente, Ferrajoli sostiene que:

> «[...] es justamente esta separación la que constituye el fundamento de todo liberalismo y de la misma democracia constitucional. Justamente porque el constitucionalismo democrático reconoce y pretende tutelar el pluralismo moral, ideológico y cultural que recorre toda sociedad abierta y mínimamente compleja, la idea de que este se funde en alguna objetividad de la moral o que exprese alguna pretensión de justicia objetiva, choca con sus mismos principios, a comenzar por la libertad de conciencia y de pensamiento».[43]

Como puede apreciarse, la tesis según la cual los sistemas jurídicos de las democracias contemporáneas consagran jurídicamente los valores del relativismo y del pluralismo (fundamento del liberalismo contra el absolutismo y la intolerancia) no es idéntica a la primera tesis mencionada, dado que, si bien ambas son teóricas (i.e., valorativamente neutras) y relativas a la identificación del Derecho, la primera posee un carácter eminentemente conceptual y abstracto (yo he sostenido que, en realidad, se trata de un *postulado* teórico),[44] mientras que la segunda comporta una afirmación de carácter general acerca del contenido (contingente) de los referidos tipos de sistemas jurídicos. Además, esta segunda tesis, a diferencia de la primera, está formulada a partir de una consideración metaética (teórica o descriptiva) sobre el estatus de los juicios morales (cognoscitivismo *vs.* no cognos-

---

42 *Ibídem*: 30-31.

43 *Ibídem*: 32.

44 Véase Sucar (2008: capítulo II).

citivismo). Adicionalmente, Ferrajoli no solo adhiere a estos valores del pluralismo, sino que incluso los defiende. En este último caso, se trataría ya de una *tesis práctico-normativa*, propia de lo que Ferrajoli conceptualiza en el nivel de la *filosofía* o teoría *política*[45]. Ello es así —agrego— porque consistiría en la defensa de ciertos valores morales como el pluralismo y la tolerancia (vinculada con una tesis metaética no completamente escéptica)[46], frente a otros como el absolutismo y la intolerancia. Me parece muy importante distinguir nítidamente entre las tesis teóricas y la tesis práctico-normativa vinculadas con la tesis (para mí, el postulado) de la separación (conceptual) entre el Derecho y la moral.[47]

En segundo lugar, y más importante aún, para Ferrajoli la moral no positivizada o, dicho de otro modo, los principios morales no consagrados jurídicamente no pueden derrotar lo dispuesto por los derechos fundamentales jurídicos, esto es, consagrados jurídicamente, ya sea a nivel constitucional o infraconstitucional. Baste como prueba de esta afirmación lo reseñado sobre la crítica de Ferrajoli a tesis como la propuesta relativa al activismo judicial de acuerdo con la cual se crean principios sin apoyo (directo o indirecto) en fuentes

---

45 Ferrajoli (2010: 26-27). Ferrajoli también afirma: «En sentido prescriptivo o axiológico, la separación es un corolario del liberalismo político, que, en garantía de las libertades fundamentales, impide la utilización del derecho como instrumento de reforzamiento de la (o sea de una determinada) moral, en todo aquello que no produce daño a otros». *Ibídem*: 27.

46 Ferrajoli sostiene que la única alternativa al cognoscitivismo ético no es el emotivismo (léase el no cognoscitivismo radical). A su juicio, es posible defender valores racionalmente aunque para ello no sea posible basarse en proposiciones «verdaderas», sino en razones. Véase Ferrajoli, *Ibídem*: 32-33.

47 Por otra parte, el objetivismo moral no es conceptualmente incompatible con la libertad de conciencia y de pensamiento, de modo que bien podría incluso exigirla. Debo esta observación a Dr. Pablo Rapetti.

jurídicas, o su crítica —como normativismo débil— a tesis como las de García Figueroa, o su ejemplo sobre la inmunidad contra la tortura judicial (que veremos más abajo).

De acuerdo con esto último, podemos, a modo de complemento de los dos ítems anteriores de la síntesis de este apartado, agregar el siguiente:

iii) En cuanto a su fuerza normativa, los derechos fundamentales categorizados como principios regulativos o imperativos, ya sea que provengan de una fuente constitucional o infraconstitucional, son inderrotables por principios morales no consagrados jurídicamente.

Cabe formular aquí otro interrogante suscitado por la ambigüedad de este punto iii): ¿se trata de un enunciado teórico (y, por ende, valorativamente neutro) o de un enunciado práctico-normativo (y, por ende, valorativamente comprometido)? La ambigüedad surge de la expresión «son inderrotables», que podría leerse como: a) en el nivel de la identificación del Derecho, que nada hay en tal o cual sistema jurídico que permita o habilite a (o incluso que está terminantemente prohibido) derogar completamente, anular, declarar inaplicable o introducir excepciones en los derechos jurídicos positivos fundamentales sobre la base de principios morales no positivizados (repárese en que, como la reconstruyo, se trata de una tesis relativa a un rasgo contingente de los sistemas jurídicos);[48] o b) en el plano axiológico, que no es moral (o política o prudencialmente) bueno, correcto o adecuado que los derechos jurídicos positivos fundamentales puedan ser derogados completamente,

48 Si el sistema jurídico autorizara siempre, o a veces, a resolver los casos (en última instancia) de acuerdo con la moral, según el iuspositivismo excluyente esto no significaría sino que el sistema jurídico remite a un orden normativo externo a él, conforme a la idea de sistemas jurídicos abiertos de Joseph Raz. Véase Raz (1979).

anulados, declarados inaplicables o sujetos a excepciones por parte de principios morales no positivizados jurídicamente. A mi juicio, Ferrajoli sostiene ambas cosas.

Si —como creo— el positivismo jurídico es una teoría que pretende *explicar* qué es y cómo es el Derecho, pero no *valorarlo* ni *justificarlo* o *criticarlo como injustificado* desde parámetros normativos externos a él (por ejemplo, políticos, prudenciales o morales), entonces una tesis práctico-normativa como b) excede los límites del positivismo jurídico. Sin embargo, no está reñida con él, toda vez que el iuspositivismo llamado *conceptual* o *metodológico* —que es el que está aquí en consideración— es *neutro* respecto del posicionamiento axiológico que merezca el Derecho tal como ha sido previamente identificado. Dicho de otro modo, el iuspositivismo conceptual o metodológico en cuanto tal no niega la posibilidad de formular (si bien fuera de su marco) juicios de valor (cualquiera sea la naturaleza, objetiva o subjetiva, que se atribuya a estos) en relación con el derecho tal como ha sido previamente identificado.

Esta precisión reviste particular importancia porque permite distinguir tajantemente el iuspositivismo conceptual o metodológico del iuspositivismo *ideológico* (o *como ideología*).[49] Este último —tal y como yo lo entiendo— consiste en una tesis práctico-normativa que afirma que el Derecho, tal como es identificado, debe ser moralmente obedecido y aplicado. Esta formulación general admite una versión *fuerte* y una *débil* o, como la denomina Bobbio, *extrema* y *moderada*.[50] En el primer caso, se postula un deber moral absoluto o irrestricto de obedecer y aplicar el Derecho (cualesquiera que sean sus consecuencias). En el segundo caso, en cambio, se postula un deber moral relativo de obedecer y aplicar el Derecho; es

49 Bobbio (1965: 46-49, 51-54, 75 y 77-80).

50 *Ibídem*: 79.

decir, que, en la medida en que el Derecho asegure en general ciertos valores, existe el deber moral de aplicarlo y obedecerlo aun si conduce, en algunos casos, a decisiones injustas o que se consideran injustas, o a consecuencias indeseables o que se consideran indeseables (fuera de esa medida, existiría un deber moral de no obedecerlo y aplicarlo o, por lo menos, habría razones morales para no hacerlo).

Si la primera versión del positivismo ideológico puede resultar exagerada o incluso indefendible y, de hecho, no ha sido defendida por ningún iuspositivista —por lo menos, si es considerada en relación con todo el ordenamiento jurídico sin discriminar jerarquías en su interior (por ejemplo, aplicándose solo a los derechos fundamentales)—, la segunda variante, en cambio, resulta ineludible cuando estamos situados en el plano de la *praxis* jurídica: no es posible no aceptarla a menos que se admita que el Derecho carece de relevancia práctica (i.e., para guiar nuestras acciones y decisiones) o tiene una relevancia práctica mínima. Ello, sin perjuicio de que quede todavía por zanjarse la cuestión de cuáles son los valores que el Derecho debe asegurar para que exista el deber moral relativo de obedecerlo y aplicarlo y, como contrapartida, cuáles son las situaciones en que está permitido o incluso es obligatorio no obedecerlo o no aplicarlo.

En varios trabajos, cuando alude a la distinción entre positivismo conceptual o metodológico y positivismo ideológico, Ferrajoli no distingue entre la variante fuerte y débil (o extrema y moderada) de este último, considerando solo la fuerte (o extrema), a la cual descalifica como inapropiada.[51] Sin embargo, como trataré de mostrar, su

---

[51] Así, por ejemplo, en Ferrajoli (2010: 17, nota al pie de página 2), afirma lo siguiente: «[...] la noción aquí formulada corresponde solo en parte al primero y al segundo significado, y no corresponde en absolu-

to al tercer significado de "positivismo jurídico", de los que distingue N. Bobbio en *Giusnaturalismo e positivismo giuridico*, [...] 1965 [...]. Precisamente: a) corresponde solo en parte a la noción del positivismo como "aproximación al estudio del derecho", con la cual tiene en común la tesis de que el jurista debe ocuparse solo del "derecho tal como es", y no del "derecho tal como debe ser" moral o políticamente, pero se aleja de ella porque requiere también el estudio del "derecho tal como debe ser" jurídicamente, que, en los actuales ordenamientos dotados de constituciones rígidas, forma parte del "derecho tal cual es"; b) no corresponde enteramente a la noción del "positivismo jurídico" como "teoría", que describe el "derecho como hecho", es decir, como el conjunto de las reglas "puestas directa o indirectamente por órganos del Estado", de la que se aleja, al no poderse admitir hoy, con el fin del monopolio estatal de la producción jurídica, su "común identificación [...] con la teoría estatalista del derecho"; c) **finalmente, no corresponde en absoluto al tercer significado atribuido por Bobbio, el del positivismo como "ideología", según el cual el derecho existente, solo por esto, es también "justo": concepción que, en realidad, no es en absoluto iuspositivista, está en contraste con las dos primeras y no ha sido sostenida nunca sino que, por el contrario, ha sido firmemente rechazada por todos los clásicos del positivismo jurídico: desde Bentham hasta Austin, Kelsen, Hart y el mismo Bobbio**». (El énfasis en negrita me pertenece). En Ferrajoli (2006: 44), puede leerse: «Son muchas las deudas que tengo con mi maestro Uberto Scarpelli. Sin embargo, lo que me separa de él es precisamente su valoración apriorística e incondicional del positivismo jurídico en cuanto tal, como si hubiera un nexo conceptual y no históricamente contingente entre el positivismo jurídico y los valores de la libertad y el Estado de Derecho de cuya garantía es condición necesaria pero no suficiente. **Me separa, en suma, el positivismo ético o ideológico, que identifica la ley como valor en sí y en el cual, a su pesar, el propio Scarpelli acaba cayendo**»; (el énfasis en negrita me pertenece). Y luego, en esta misma obra, más adelante: «El punto de vista constitucional no deja de ser un punto de vista enteramente jurídico, que puede tener o no correspondencia con el punto de vista moral de cada uno de nosotros, en caso de que la constitución incluya valores que no compartamos. Como se dijo [...], **el constitucionalismo ético o ideológico, que moldea el punto de vista externo conforme al interno concibiendo el diseño de las "constituciones vigentes como el mejor de los mundos posibles"**, según las palabras de Gerardo Pisarello y de Antonio de Cabo (p. 482), **es radi-**

defensa axiológica (práctico-normativa) de la fuerza normativa (fuerte) de los derechos fundamentales tanto en el plano intrasistemático como extrasistemático implica la aceptación del iuspositivismo ideológico en su versión fuerte (o extrema), si bien, como queda dicho, solo respecto a ciertos derechos fundamentales (como los de igualdad y libertad), y no respecto a todo el ordenamiento jurídico.

---

calmente ajeno al paradigma teórico del garantismo y del constitucionalismo» (Ferrajoli, 2006: 74); (el énfasis en negrita me pertenece). Adicionalmente, Ferrajoli ha sostenido que no acepta la tesis, que se atribuye al iuspositivismo, de la neutralidad valorativa en tanto esta negaría «la posibilidad de formular juicios jurídicos sobre la validez sustancial de las leyes», posibilidad que, para él, es consustancial al constitucionalismo garantista que defiende. Sin embargo, desde mi punto de vista, la formulación de juicios jurídicos sobre la violación de requisitos de validez sustancial (al igual que los requisitos de validez formal) no implica en absoluto una transgresión del principio de la neutralidad valorativa. Ello es así porque se trata simplemente de una afirmación susceptible de verdad o falsedad (salvo los supuestos de indeterminación semántica) acerca de si una norma de rango inferior contradice en algún aspecto (formal o sustancial) una norma de rango superior o seguramente también una afirmación acerca de cuál es la consecuencia jurídica que, según el sistema jurídico en cuestión, ha de seguirse. En ambos casos, no veo que haya ningún juicio de valor. Lo habría solamente si, además, se afirmase algo como lo siguiente: «*y es moral o políticamente incorrecto proceder de ese modo o no aplicar la consecuencia jurídica para ello*». Por otra parte, la siguiente afirmación de Ferrajoli es ilustrativa, a mi juicio, de su manera de concebir la tesis de la separación conceptual entre el Derecho y la moral en tanto tesis definitoria del iuspositivismo, a la vez que su aceptación de la tesis de las fuentes sociales al igual que lo que he denominado *convencionalismo*: «[...] la [tesis] iuspositivista de la separación, según la cual la existencia o la validez de una norma no implica en absoluto su justicia, y esta no implica en absoluto su validez, que no es otra cosa que un corolario del principio de legalidad como norma de reconocimiento del Derecho existente». Ferrajoli (2010: 31). En fin, la concepción *normativista* del iuspositivismo de Ferrajoli surge ampliamente de muchas de sus tesis que comentamos a lo largo de este trabajo.

Entiéndase bien: no estoy objetando la distinción ni la independencia conceptual entre positivismo conceptual o metodológico, por una parte, y el positivismo ideológico, por otra. Al igual que Ferrajoli, yo afirmo esto mismo. Mi punto de vista crítico consiste en lo siguiente. Es correcto que Ferrajoli, en el marco de su teoría, y en la medida en que se enfoca en reconstruir teóricamente y explicar la estructura y la fuerza normativa de los derechos fundamentales (y de algunos de ellos como principios regulativos o imperativos), tiene que mantenerse y se mantiene en los límites del iuspositivismo conceptual o metodológico —lo que implica no poder afirmar válidamente ningún juicio sobre si el Derecho debe o no (siempre o a veces) ser obedecido y aplicado, o sobre cómo debería estar configurado para que lo sea—. Su empresa, sin embargo, —como intentaré mostrar— lo lleva inevitablemente más allá: lo conduce —aunque él no lo vea o no lo quiera así, como parece inferirse de los párrafos recién citados en nota al pie— a proponer un modelo o configuración del Derecho como mejor o más deseable desde el punto de vista político-moral, lo cual se sitúa ya en un plano práctico-normativo (axiológico) y, por ende, más allá del marco del positivismo conceptual o metodológico. En particular, lo conduce a proponer un modelo donde los derechos fundamentales relativos a la igualdad y la libertad funcionan (deben funcionar) como principios regulativos o imperativos. Esto último, por un lado, no tiene nada de objetable —en mi opinión—, siempre que se distinga claramente de la reconstrucción y explicación teórica de tales derechos, de la cual es conceptualmente independiente; simplemente, se trata de dos aspectos complementarios de su empresa: una téorico-explicativa (propia del positivismo conceptual o metodológico) y la otra práctico-normativa (que excede el marco del positivismo conceptual o metodológico, si bien no lo contradice porque el primero es neutro: no niega el plano axiológico). Por otro lado, observo que, como trataré de mostrar, su empresa lo conduce inexorablemente, aunque algo inadvertidamente, al plano práctico-normativo porque lo que en realidad no resulta posible satisfacer en el nivel del análisis de la identificación del Derecho termina siendo imperceptiblemente «sustituido» por lo que, en rigor, no puede ser otra cosa que una propuesta práctico-normativa sobre cómo *debería ser* la configuración del Derecho (y no, como era de esperar, sobre cómo *es*, en efecto, la configuración del Derecho). Se trata de una «sustitución» que, claro está, a mi juicio resulta inadmisible, pues, como he dicho, son dos perspectivas excluyentes, lo que no implica que no puedan realizarse ambas de manera independiente conceptualmente y complementaria.

Para clarificar este punto, así como para responder las preguntas dejadas más arriba en suspenso, y también para hacer más comprensible las consideraciones críticas que formularemos acerca de la concepción de Ferrajoli sobre la fuerza normativa de los derechos fundamentales, presentamos a continuación el aporte a la teoría de la toma de decisiones basadas en normas de Frederick Schauer.

III. SISTEMA COMUNICACIONAL Y SISTEMA ATRINCHERADO EN LA TOMA DE DECISIONES EN FREDERICK SCHAUER

Para arrojar luz sobre la cuestión de la fuerza normativa de los derechos fundamentales que Ferrajoli categoriza como principios regulativos o imperativos, estimo pertinente recurrir a la distinción propuesta por Frederick Schauer entre *sistema comunicacional* y *sistema atrincherado*, así como su noción de *fuerza normativa* asociada a ella. Para ello, sin embargo, es necesario presentar primero, brevemente, su clasificación de las normas y su noción de *justificación subyacente.*

En su libro *Playing by the Rules,* Schauer distingue, atendiendo a su función, entre *reglas prescriptivas* y *reglas descriptivas.*[52] Estas últimas serían aquellas que se utilizan para expresar regularidades o generalizaciones empíricas, verbigracia, «los Alpes, por regla, están cubiertos de nieve en mayo» o «el vino alemán es más dulce que el francés». Este tipo de reglas, a veces, también es utilizado para explicar una relación matemática o lógica. Pero, con independencia de que la regularidad identificada sea de este último tipo o empírica, lo característico de las reglas descriptivas es que no se las usa para dirigir o modificar la conducta, sino más bien para describir y explicar el mundo, como ocurriría con la *ley* de gravedad y los *principios* de la física. A diferencia de las reglas descriptivas, las reglas prescriptivas poseerían un contenido semántico normativo y se las usaría para guiar, controlar o modificar la conducta de agentes con capacidad para tomar decisiones. Así, las expresiones «no matarás», «los cinturones de seguridad deberán permanecer ajustados durante todo el viaje», o «deberás acostarte a las diez en punto todas las noches a menos que yo diga lo contrario» constituirían ejemplos de este tipo de reglas. Las reglas prescriptivas no serían empleadas para reflejar el mundo, sino para ejercer una *presión* sobre él. A veces, se usan para ejercer presión sobre un estado de cosas existente con anterioridad a su imposición, en un intento por modificar algún patrón de conducta preexistente, tornando menos aceptable un curso de acción que, de otro modo, un agente podría haber elegido, o volviendo más aceptable un curso de acción que, de otro modo, no habría elegido. Otras veces se usan para impedir la modificación de ciertas conductas con el fin de reforzar patrones

52 Schauer (1991: capítulo I).

de conducta preexistentes a la regla, evitando que la gente se aparte de ese patrón de conducta. En ambos casos, las reglas prescriptivas se utilizarían para ejercer presión contra las disposiciones de ciertos agentes a actuar de manera contraria a los mandatos que impone la regla.

Schauer divide las reglas prescriptivas en dos subespecies. Las primeras son las *instrucciones*, que se emplean para brindar orientaciones sobre el modo de obtener éxito en alguna empresa o tarea: por ejemplo, «verifique el sazón antes de meter la comida en el horno», «comience cada párrafo con una oración que exprese su idea central» o «no gire la llave de arranque sin haber presionado tres veces el acelerador». Estas reglas, a menudo llamadas «fórmulas» o «recetas», se caracterizan por ser *optativas* en un doble sentido. En primer lugar, porque las instrucciones solo se aplican si un agente desea tener éxito en la tarea pertinente. En segundo lugar, porque asumimos que su fuerza es congruente con la estimación que hacemos de la probabilidad de que producirán el resultado deseado. Si creemos que, en algún caso, la instrucción *no* conducirá al resultado que se pretende, la fuerza de la regla se desvanecería y seríamos libres de ignorarla. Se trataría de *reglas de experiencia* [*rules of thumb*] que suministran guías útiles para el caso habitual, pero que ni siquiera ejercen presión normativa para aquellos destinatarios que las aceptan. Otra subespecie serían las *reglas imperativas*. A diferencia de las instrucciones o reglas de experiencia, las reglas imperativas ejercerían presión normativa en el sentido de que no son optativas para el agente a quien están dirigidas, esto es, el hecho de que la regla exista se convierte en una razón para la acción y la fuerza normativa de la regla no se agota en su valor para el caso concreto. Apartarse de lo que una regla de este tipo dispone sería *violar* dicha regla, incluso cuando pueda parecer que es mejor (y quizás incluso cuando *es* mejor), en un caso particular, apartarse de la regla que observarla. Así, la diferencia entre «velocidad máxima de 55 millas por hora» y «es peligroso manejar a más de 55 millas por hora» sería que solo la primera prohíbe manejar a una velocidad mayor de 55 millas por hora, aun cuando fuese seguro hacerlo. Si fuera seguro manejar a más de 55 millas por hora dadas las circunstancias, la primera de esas reglas sería igualmente violada por quienes excediesen esa velocidad porque, y solo porque, el mero hecho que la regla sea una regla constituye una razón para no manejar a más de 55 millas por hora.

Ahora bien, Schauer ha desarrollado un punto de vista bastante particular en relación con la dependencia de las reglas respecto al lenguaje como criterio para determinar el *alcance* prescriptivo de las mismas.[53] A su juicio, las reglas se formulan como consecuencia de la formulación de ciertas generalizaciones y, detrás de toda generalización, habría una justificación, a veces denominada «fin», «propósito», o incluso «razón». Las justificaciones existirían porque las generalizaciones normativas serían habitualmente instrumentales y no últimas, y las justificaciones serían aquel fin o propósito para cuya consecución resultarían instrumentales. Así, los perros no son admitidos en un restaurante para lograr un propósito más importante: evitar molestias a los clientes; y conducir a una velocidad que excede el límite establecido está prohibido a fin de procurar mayor seguridad. Schauer llama *justificación subyacente* a estos fines, propósitos o razones de las reglas. Las generalizaciones *limitarían* el alcance de las propiedades que, de otro modo, serían indicadas por la aplicación de la justificación. Así, aunque determinar la causa de los disturbios en un restaurante es una tarea compleja y relativamente imprecisa, determinar qué es un perro sería algo mucho más fácil y directo y exigiría la identificación de un conjunto mucho más limitado de propiedades. En ese

---

[53] *Ibídem*: principalmente, capítulos II y IV.

sentido, la generalización «perros» sería una *simplificación* y también una *especificación*. Las generalizaciones *especificarían* el resultado que usualmente se obtendría de la aplicación directa de sus justificaciones. De este modo, «no se admiten perros» es más específico que «no ocasionar molestias», y «velocidad máxima 55 millas por hora» es más específico que «conduzca con precaución». Como las generalizaciones aplican y especifican sus justificaciones, Schauer se refiere a veces a la generalización que constituye una regla como la *instanciación* de la justificación subyacente a ella.

Por otra parte, Schauer[54] distingue dos modelos de toma de decisiones en función de cómo se reaccione cuando las instanciaciones que concretan las reglas se enfrentan a *experiencias recalcitrantes*, es decir, aquellas que indican resultados diferentes a los señalados por la aplicación directa de sus justificaciones subyacentes. En la forma de toma de decisiones que se desenvuelve según el *modelo comunicacional*, esas experiencias recalcitrantes se resuelven en favor de la justificación subyacente de la regla, y la instanciación es modificada en el momento de su aplicación para adecuarla a la justificación subyacente. En el *modelo atrincherado*, en cambio, la instanciación persiste y, para un decisor que sigue este método de toma de decisiones, el hecho de la existencia de la instanciación suministra una razón para alcanzar una decisión de acuerdo con lo que ella exige, aun cuando la decisión indicada difiera de la que se habría alcanzado por aplicación directa de la justificación subyacente de la regla.

Ahora bien, de acuerdo con Schauer, la posibilidad de una divergencia extensional entre la instanciación de una regla y su justificación subyacente presupone que la extensión de la instanciación puede determinarse sin referencia a la

---

54 Schauer (1991: 38 y ss. y capitulo III, punto 2.2).

justificación que subyace a ella. Ello presupone que el *significado* de la instanciación no es coextensivo con el de su justificación subyacente y lleva a Schauer a plantear una relación bastante estrecha o fuerte entre reglas y lenguaje. En efecto, dado que el atrincheramiento es lo que permite a una regla resistirse al impulso de modificación a la luz de experiencias recalcitrantes, Schauer se pregunta de dónde proviene este atrincheramiento y cómo opera. Su respuesta es que la fuente del atrincheramiento está más relacionada con la formulación verbal de la regla —su expresión en un lenguaje— de lo que comúnmente se supone. Así, si cambiamos la oración «el gato está sobre el felpudo» por la oración «el gato está bajo el felpudo», habríamos cambiado la proposición subyacente y, de un modo similar, si cambiamos el significado de la formulación de una regla, habríamos cambiado la regla. Las reglas se basarían más en sus formulaciones lingüísticas que en sus justificaciones subyacentes, pues lo que resultaría susceptible de atrincheramiento es el significado de la formulación y este se determina por las convenciones generales que rigen el uso del lenguaje en una comunidad, y no por el uso que de las expresiones lingüísticas hace un usuario, en un momento particular, para lograr un propósito particular.

Considérese la formulación de la regla «no se admiten perros». A partir de la justificación de prohibir el ingreso de agentes ruidosos y molestos, la regla «no se admiten perros» constituye una instancia de esa justificación sobre la base de la conclusión probabilística de que muchos perros son ruidosos y molestos. Si se trata como atrincherada a la formulación de la regla «no se admiten perros» resultante, esta excluye del restaurante tanto a los perros lazarillos de buen comportamiento como a los perros ruidosos y molestos, y esto sería así porque la extensión de la expresión «perro", tomada literalmente, es más amplia que la extensión de la expresión «perro ruidoso y molesto», tomada literalmente. «No se admiten perros ruidosos y molestos» sería simplemente una regla diferente que «no se admiten perros», ya que la primera (según sus términos) permite la entrada de ciertos perros que serían excluidos por la última. Si en virtud de la regla «no se admiten perros» debiésemos excluir solo a los perros ruidosos y molestos, y ello porque la justificación tras la exclusión de todos los perros consistiese en el deseo de excluir a los perros ruidosos y molestos, estaríamos de hecho desatrincherando la generalización y provocando así el colapso de la regla con su justificación subyacente. Puede suceder que, en tales circunstancias, quien ha de tomar la decisión —por ejemplo un juez— deba rehusarse a aplicar la regla o deba revisarla, pero para Schauer la (discutible) conveniencia de semejante enfoque y la (discutible) conveniencia de evitar resultados absurdos ocasionales en un sistema jurídico no deberían disfrazarse bajo una inviable teoría del significado completamente particularista, según la cual el significado de una expresión es enteramente una función de lo que se pretende que ella produzca en una ocasión particular. Schauer rechaza, así, el punto de vista de quienes sostienen que las expresiones lingüísticas no pueden poseer ni siquiera un núcleo de significado que sea independiente de los propósitos específicos para los que se los emplea.

Sin adentrarnos ahora en las dificultades que presenta la identificación de las intenciones del legislador o la finalidad de las normas, es importante destacar que la posibilidad de efectuar análisis del tipo de los ejemplificados depende en gran parte de las características del sistema normativo o de sectores de él que se consideren. Particularmente, de si este es comunicacional o atrincherado. En el primer caso, ello será posible, no así en el segundo. En el caso de que ello sea posible, los órganos aplicadores tendrán discrecionalidad para, a través de la interpretación de la finalidad perseguida por el legislador, incluir o excluir ciertas circunstancias en la consideración de los casos individuales que tengan que resolver. Respecto de los sistemas jurídicos positivos, muchas veces es difícil establecer si responden primordialmente a un modelo comunicacional o atrincherado y, en general, se dan situaciones mixtas o diferenciales. Ello quizá sea consecuencia de la tensión, reflejada a nivel legislativo, entre dos ideales no fácilmente congeniables: la seguridad jurídica y el afianzamiento de la justicia. En virtud del primero, se instauran normas como las que están destinadas a establecer la división de poderes y, en particular, a impedir que los órganos aplicadores de normas puedan legislar. En virtud del segundo, aquellas normas que facultan a los jueces para que resuelvan aquellos casos no previstos apelando a la analogía o a los principios generales del Derecho. Como sea, lo importante es puntualizar que la existencia de un sistema comunicacional o atrincherado depende de otras normas del propio sistema.

IV. CRÍTICA A LA CONCEPCIÓN DE LA ESTRUCTURA Y LA FUERZA NORMATIVA DE LOS DERECHOS FUNDAMENTALES DE LUIGI FERRAJOLI

Dividiré mis consideraciones críticas de la concepción de Ferrajoli sobre los derechos fundamentales en dos grandes dimensiones: las relativas a su estructura y las relativas a su fuerza normativa. En relación con el primer aspecto, en rigor, solo formularé algunas precisiones que estimo necesarias, por lo que seré bastante más breve. Respecto del segundo aspecto, en cambio, mis objeciones son más significativas, si bien no considero que comporten una impugnación de la concepción de Ferrajoli, sino una suerte de corrección que permite conservar, pero mejor articulados teóricamente, sus elementos esenciales. Esto supondrá un mayor desarrollo expositivo y argumentativo.

Comenzaré, por lo tanto, con la concepción de Ferrajoli sobre la estructura de los derechos fundamentales. Al establecer su tipología de los derechos fundamentales en tres grandes tipos —a saber, principios directivos o directivas, principios regulativos o imperativos y derechos sociales—, Ferrajoli da cuenta de una cuestión de la mayor importancia: que dicha tipología, como tantas otras, constituye una *reconstrucción* teórica efectuada en función de ciertos objetivos explicativos (y no una descripción de entidades ontológicamente dadas). En este sentido, su antes referida tipología no puede sino tener en cuenta, como materia bruta de punto de partida, los textos de las diversas constituciones actuales. Principalmente, de las constituciones liberales, que toma como las más representativas. Asimismo, en la medida en que forman parte de la elaboración de la teoría general del derecho, los conceptos reconstruidos teóricamente han de ser formales, generales y axiológicamente neutros:

> «[...] a mi parecer, según las enseñanzas de Kelsen y Bobbio, la teoría del Derecho es una teoría formal que no nos dice, ni debe decirnos, cuáles son o cuáles es justo que sean, o cómo de hecho funcionan las normas y las instituciones de los ordenamientos concretos. De otro lado, si no fuese una teoría formal, no habría sido posible desarrollarla en la forma de una teoría formalizada e, incluso, axiomatizada como lo he hecho en el primer [tercer] volumen de *Principia iuris* que, por lo demás, como en cualquier otra teoría del Derecho, **no nos dice nada sobre el contenido normativo de los ordenamientos concretos**, ni sobre los criterios con base en los cuales los valoramos como justos o injustos ni sobre su funcionamiento de hecho. La teoría se limita a elaborar conceptos y a desarrollar las estructuras sintácticas de los sistemas normativos. Y esto vale también para conceptos a menudo connotados en sentido axiológico, como los conceptos de derechos fundamentales de los que la teoría define la estructura sin decirnos ni cuáles son ni cuáles es justo que sean, ni cómo de hecho son garantizados o

> vulnerados. Por esto rechazo la connotación axiológica de tales derechos [...] Obviamente, todos nosotros estamos de acuerdo sobre el valor ético-político del principio de igualdad, de las libertades fundamentales y de los derechos sociales. Pero este valor moral no puede formar parte de la definición del concepto teórico-jurídico de "derechos fundamentales". Ni mucho menos es reconducible a alguna forma de "objetivismo ético" por absoluto o moderado que sea [...]».[55]

Según Ferrajoli, estos conceptos establecidos por la teoría general del Derecho, que son formales, generales y axiológicamente neutros, «no nos dicen nada sobre el contenido normativo de los ordenamientos concretos». Debe quedar claro, sin embargo, que el contenido de los ordenamientos concretos constituye la materia prima o bruta para la reconstrucción teórica de los conceptos efectuada por la teoría general del Derecho. Esto quiere decir que, para tener un valor teórico-explicativo, estos conceptos generales, formales y axiológicamente neutros deben poder concordar o ajustarse a la materia prima o bruta que obró como punto de partida de la reconstrucción o, lo que es equivalente, no deben ser discordantes o conducir a reducciones o ampliaciones forzadas u otro tipo de forzamientos en relación con dicha materia prima o bruta en aspectos relevantes de lo que con tales conceptos pretende explicarse o dar cuenta.

Sobre esta base, debemos asumir que los tres elementos que —en mi lectura— obran como constituyentes de la estructura de los derechos fundamentales en tanto principios regulativos o imperativos de conformidad con

---

55 Ferrajoli (2011: 327-328). El énfasis en negrita me pertenece. También me pertenece el «tercer» puesto entre corchetes, en razón de que, creo que por error, se dice que la axiomatización obra en el primer volumen de *Principia iuris*, cuando de hecho figura en el tercero.

la definición de «derechos fundamentales» y de «principios regulativos o imperativos», a saber, la universalidad, las condiciones cerradas de aplicación en su antecedente y su operatividad en términos de subsunción, no deben forzar la materia bruta o prima que sirvió de base para su formulación. Al respecto, debe tenerse en cuenta que la operatividad en forma de subsunción está intimamente vinculada con la fuerza normativa que tengan realmente los derechos en cuestión. Como argumentaré, esto último depende de lo que establezcan las normas de cada sistema jurídico en concreto. Por lo tanto, la teoría, a través de los conceptos que formula, debe poder dar cuenta de una diferente gama de posibilidades a este respecto. Así, de la misma manera que Ferrajoli, atendiendo a la diversidad que surgía de la materia bruta o prima del material normativo que se desprende de los sistemas jurídicos de las democracias liberales contemporáneas, elaboró una clasificación de tres grandes tipos de principios, debería poderse discriminar teóricamente aquellos casos en los que, de acuerdo con las previsiones de cierto sistema jurídico, la fuerza normativa de tales y cuales derechos es fuerte —de modo que vale para ellos el modelo de la subsunción—, y aquellos otros casos en los que, de acuerdo con las previsiones de cierto sistema jurídico, la fuerza normativa de tales y cuales derechos es débil, de modo que no vale la operatividad en forma de subsunción. Por decirlo de otro modo, no es teóricamente adecuado afirmar —como hace Ferrajoli— que todos los derechos de libertad (en cualquier sistema jurídico de las democracias liberales contemporáneas) son principios regulativos, de modo que todos ellos han de operar bajo el modelo de la subsunción, dado que esto puede no ser así de acuerdo con las previsiones de cierto sistema jurídico. En este supuesto, se abren por lo menos dos posibilidades: tomar la operatividad en forma de subsunción como una característica definitoria de «principios regulativos o imperativos» y, sobre esta base, descartar que tales derechos formen parte de la clase de los principios regulativos o imperativos, o no tomar dicha característica como definitoria de este concepto y discriminar entre principios regulativos o imperativos que operan y que no operan bajo el modo de la subsunción. Como la operatividad bajo el modelo de la subsunción es un rasgo distintivo muy importante en la tipología de Ferrajoli, que estimo correcto, me inclino por la primera de estas dos alternativas. Seguidamente, al analizar la concepción de Ferrajoli sobre la fuerza normativa de los derechos fundamentales, espero arrojar más luz sobre estas consideraciones.

En relación con la fuerza normativa de los derechos fundamentales, en primer lugar, debo explicitar por adelantado que, de acuerdo con lo expuesto en los apartados anteriores, mi crítica a la concepción de Ferrajoli parte de —y se sustenta en— la distinción entre la identificación del Derecho concebida como una tarea teórico-explicativa (o descriptiva), por una parte, y la valoración o ponderación político-moral sobre cuál es o debiera ser el valor y alcance de la obediencia al Derecho y de la creación y aplicación del Derecho, concebida como una tarea práctico-normativa, por otra. En mi crítica, también asumo que estas dos perspectivas de análisis —la teórico-explicativa y la práctico-normativa— no son exhaustivas (pues podría, por ejemplo, considerarse también una perspectiva sociológico-empírica o una histórico-crítica), pero sí excluyentes; y que una y otra son diferentes por la naturaleza de los problemas que deben resolver, así como por las respuestas que han de darse y los argumentos en su apoyo[56]. La primera de estas perspectivas se enmarca en el modelo del iuspositivismo

---

56 Remito, al respecto, a Sucar (2019).

conceptual o metodológico, normativista y convencionalista. La segunda, de acuerdo con mis consideraciones, en el iuspositivismo ideológico (asumamos, por el momento, que en una variante débil o moderada *en general*).

Establecido lo anterior, en segundo lugar cabe formular las siguientes afirmaciones críticas:

1) Desde el punto de vista de la identificación del Derecho, no es posible determinar *a priori* —como percibo que hace Ferrajoli— la fuerza normativa de los derechos fundamentales para todo sistema jurídico, incluso en el caso de aquellos derechos constitucionalizados que establecen límites y garantías jurídicos internos a modo de *lex superior*, sino que debe atenderse a las características y contenidos específicos de cada sistema jurídico en particular.

2) En relación con el punto anterior, para el positivismo jurídico (conceptual o metodológico) normativista y convencionalista —que, entiendo, Ferrajoli suscribe—, la determinación de la fuerza normativa de los derechos fundamentales debe hacerse (directa o indirectamente) a partir de lo prescrito por las normas que integran dichos sistemas.

3) En relación con los dos puntos anteriores, para el iuspositivismo conceptual o metodológico solo hay tres posibilidades: a) que el Derecho establezca clara y precisamente cuál es la fuerza normativa de los derechos fundamentales; b) que no lo establezca en absoluto; c) que lo haga de manera no clara o no precisa, esto es, de manera indeterminada. Estas posibilidades no son contempladas, y menos aún exploradas, por Ferrajoli. Dos precisiones son aquí necesarias. La primera es que —dada la concepción iuspositivista, normativista y convencionalista que asumo—, cuando digo que el derecho «establezca» (o «no establezca») cuál es la fuerza normativa de los derechos fundamentales, me refiero exclusivamente a los estándares (promulgados o consue-

tudinarios) que tienen su origen en una fuente válida del sistema jurídico de que se trate, esto es, principalmente, reglas y principios, pero también otros textos que no quepa reconstruir como reglas ni principios, sino, por ejemplo, como definiciones o meras expresiones de deseos o la plasmación de objetivos o intenciones del constituyente o del legislador, etc. que tengan origen en alguna fuente válida. La segunda se refiere al «clara y precisamente» (o al «de manera no clara o no precisa») de lo establecido por el Derecho, esto es, por los estándares jurídicos que tienen origen en una fuente válida. La claridad y la precisión o la falta de claridad y/o precisión de los estándares jurídicos obedecen —en el marco del modelo iuspositivista, normativista y convencionalista que asumo— fundamentalmente a problemas de tipo semántico. Digo «fundamentalmente» porque los problemas de tipo semántico pueden generar, o confluir con, problemas de índole valorativa cuando los estándares jurídicos expresan conceptos de índole valorativa (morales, políticos, etc.). De este modo, cuando me refiero a la posibilidad de que el Derecho no establezca de manera clara y/o precisa cuál es la fuerza normativa de los derechos fundamentales, quiero decir que ello es producto de que alguno o varios de los estándares jurídicos que contemplan esta cuestión dejan dudas debido a la existencia de problemas de tipo semánticos y/o valorativos al respecto. Sin embargo, asumo que normalmente tendrían que tratarse solo problemas de tipo semántico porque los estándares relativos a la fuerza normativa —según supongo— tienen que prescribir si estos han de ser aplicados de manera irrestricta o no, para lo cual no parece necesario, por lo menos en principio, la introducción de conceptos valorativos. Sea como fuere, en todas las hipótesis (i.e., que se trate solo de problemas de tipo semántico, solo de tipo valorativo o de ambos tipos) —desde el modelo iuspositivista, normativista y convencionalista que asumo— se trataría de un supuesto de discrecionalidad (tanto respecto del legislador como de los órganos jurisdiccionales). Por lo demás, como rechazo la posibilidad de un escepticismo semántico radical, solo podría tratarse de una indeterminación semántica parcial.[57] En suma, el establecimiento por parte del Derecho de cuál es la fuerza normativa de los derechos fundamentales en cierto sistema jurídico está dado —en mi reconstrucción teórica— en la forma de una metanorma (o metaestándar) o conjunto de metanormas (o metaestándares) de dicho sistema jurídico que tienen como lenguaje objeto tales derechos fundamentales a fin de especificar (prescriptivamente) su fuerza normativa. Y tal metanorma o conjunto de metanormas pueden resultar indeterminados por las razones indicadas. Por último, estimo que el supuesto b) puede ser considerado como un caso extremo o límite de indeterminación.

4) La caracterización de la fuerza normativa de los derechos fundamentales por parte de Ferrajoli responde, en realidad, no a un análisis de tipo teórico-explicativo (que es el que impone el iuspositivismo conceptual o metodológico que él suscribe), sino a un análisis de tipo práctico-normativo, es decir, a uno que tiene que ver con las (buenas) razones político-morales que hay para defender que los sistemas jurídicos doten a los derechos fundamentales de una normatividad fuerte, esto es, como intrasistemáticamente inderogables e indisponibles, y como extrasistemáticamente inderrotables. Este tipo de análisis, a mi juicio, nada tiene de objetable en sí mismo; muy por el contrario, lo estimo importante y necesario. Sin embargo, ha de ser nítidamente distinguido de la tarea de identificación del Derecho, con la que no puede confundirse y a la que no puede sustituir. Se trata de tipos de análisis conceptualmente independientes: cuál sea la fuerza normativa que

---

57 Véase Sucar (2008: principalmente, 362-375).

se desprenda de las normas de un sistema jurídico sobre la fuerza normativa de los derechos fundamentales nada implica respecto de cómo consideremos (sobre la base de razones político-morales) que esta debería ser, esto es, de cómo consideremos que debería estar plasmada en un sistema jurídico ni viceversa.

5) Al atribuir de manera general e indiscriminada una normatividad fuerte a los derechos fundamentales (de igualdad y de libertad) de todos los sistemas jurídicos que poseen constituciones rígidas, el argumento subyacente de Ferrajoli parece adoptar el siguiente cariz: si así no fuese, los derechos fundamentales perderían su razón de ser, de modo que así ha de ser. Sostener un argumento de esta clase conduce a recaer en la falacia denunciada por Hume, que consiste en considerar una proposición como falsa (en este caso, la concepción de una normatividad débil de los derechos fundamentales) por las nefastas consecuencias que tendría si fuera considerada verdadera. Está claro que las nefastas consecuencias atribuidas a la normatividad débil de los derechos fundamentales, aun cuando sean correctamente atribuidas, no constituyen una razón en favor de que, en tal o cual sistema jurídico, dicho tipo de normatividad es lo que se desprende, de hecho, de lo dispuesto por las normas (o estándares) que lo integran. Las virtudes atribuidas a la tesis de la normatividad fuerte, aun si son político-moralmente correctas, tampoco constituyen una razón en favor de que este tipo de normatividad es el que se desprende, de hecho, de lo dispuesto por las normas (o estándares) de determinado sistema jurídico.

Ahora bien, Ferrajoli —o cualquier otro autor que siguiera su línea de pensamiento— podría esgrimir un argumento algo distinto, un tanto más sofisticado respecto del que acabo de mencionar y que tendría la ventaja de evitar la falacia que le atribuyo a dicho argumento anterior. De acuerdo con este segundo argumento, la normatividad fuerte de los derechos fundamentales se desprendería de consideraciones de valor sociológicamente compartidas (y no de una valoración personal de Ferrajoli o de quien sostuviera la tesis de la normatividad fuerte de los derechos fundamentales). De esta manera, el argumento se apoyaría en una constatación empírica (y descriptiva) de valoraciones socialmente dadas. Adicionalmente, este argumento podría contener un componente de tipo trascendental: concebir los derechos fundamentales como dotados de normatividad fuerte sería una *condición de posibilidad* de que cumplan con las funciones que socialmente se pretende que cumplan. Así entendido, aunque el argumento implique una consideración de valor, no se trataría solo de una consideración de valor político-moral, sino también «de racionalidad». De esta manera, la pretensión de que los derechos fundamentales cumplan con tales o cuales funciones estaría basada en consideraciones (sociales) de valor político-moral, pero el hecho de que los derechos estructurados «mediante» una normatividad fuerte sea una «condición de posibilidad» funcional constituiría, más bien, una exigencia no político-moral, sino de racionalidad (y la atribución de que dicha exigencia tiende a verse satisfecha estaría justificada, por ejemplo, por el principio de caridad, entre otros).

Si bien este tipo de argumento tiene el mérito de evitar la falacia que aquejaba al anterior, presentaré dos objeciones contra él. La primera tiene que ver con el hecho de que no creo que sea sostenible la verdad de la premisa empírica acerca de consideraciones de valor sociológicamente compartidas. Fundamentalmente, porque no creo que todos y cada uno de los sistemas de la democracias liberales con constituciones rígidas posteriores a la Segunda Guerra Mundial —que Ferrajoli ofrece como ejemplo paradigmático de sistemas jurídicos que adoptan una normatividad fuerte en relación con los derechos fundamentales— sean objeto de consideraciones valorativas (político-morales) compartidas de que los derechos fundamentales que cada uno de ellos contiene (incluso limitándonos a los de igualdad y libertad, que son los que están aquí en consideración) posean de hecho o deban poseer una normatividad fuerte (como la entiende Ferrajoli). No creo que ello sea así en todos los sistemas jurídicos de la tradición jurídica del *Civil Law* y mucho menos en los de la del *Common Law.* Aunque, evidentemente, la demostración de la verdad o falsedad de esta premisa empírica depende de investigaciones empíricas muy detalladas con las que no podemos contar aquí, me inclino por estimar que, aun en los sistemas jurídicos con mayor vocación de estructurarse bajo el prisma de derechos fundamentales concebidos rígidamente, estos derechos no son concebidos como irrestrictos. En favor de ello diría simplemente que los legisladores y los tribunales de los sistemas jurídicos concernidos, en mayor o menor medida, asumen que, bajo ciertas circunstancias, está justificado establecer excepciones a los derechos fundamentales, como lo demuestran muchas de sus leyes y sentencias. En este sentido, creo que parece más plausible admitir que los derechos fundamentales incluidos en las constituciones (aun los de igualdad y libertad) son, en general, asumidos no como irrestrictos, sino como sujetos a pocas o muy pocas y justificadas o muy justificadas excepciones (variando esto, en términos de grado, de uno a otro sistema jurídico).[58] La segunda objeción apunta a que las consideraciones (sociales) de valor político-moral y de racionalidad en favor de la

---

[58] Aunque estoy de acuerdo con Ferrajoli en que la aparición de las constituciones rígidas de las democracias liberales posteriores a la Segunda Guerra Mundial constituye un cambio de paradigma en la configuración de los sistemas jurídicos, para mi ello no implica que todos estos sistemas jurídicos atribuyan necesariamente el mismo tipo de normatividad (fuerte, tal como la concibe Ferrajoli) a los derechos fundamentales que contienen.

normatividad fuerte de los derechos fundamentales como respaldo de su funcionalidad, es algo que, en realidad —en mi opinión— debe ser objeto de un debate y no un postulado como condición de posibilidad de su funcionamiento. Tanto más si se pone en cuestión la premisa empírica (en caso de aceptarse mi primera objeción).

Mi conclusión en este punto es que ambos argumentos fracasan y que —en el marco de iuspositivismo normativista y convencionalista— hay que distinguir claramente entre los argumentos relativos a la identificación del Derecho respecto a la fuerza normativa de los derechos fundamentales (atendiendo caso por caso a cada sistema jurídico) y los argumentos político-morales relativos a cómo debería estar configurada jurídicamente la fuerza normativa de los derechos fundamentales.

6) Las razones que puede haber, en el plano práctico-normativo, para defender una normatividad fuerte de los derechos fundamentales, aun si se las considera preeminentes respecto de las que apoyan la normatividad débil de tales derechos, implican un costo que hay que estar dispuesto a aceptar por estimarlos menores que los que habría que aceptar de inclinarse por la defensa de la normatividad débil. Ferrajoli no parece tomar en consideración estos costos. Un costo, por ejemplo, sería obtener como resultado de la aplicación rígida de un derecho fundamental un déficit manifiesto y grave de justicia o de equidad al no poder (el legislador o los tribunales) introducir una excepción no prevista por el constituyente aunque haya muy buenas razones para hacerlo. ¿Qué se diría, por caso, de la aplicación irrestricta del principio de irretroactividad de la ley penal cuando esta, en el momento de los hechos, amparaba el genocidio cometido por actos de terrorismo de Estado?

En tercer lugar, y partiendo de este conjunto de premisas generales, permítaseme ahora completar mis reflexiones críticas con algunas consideraciones más específicas en las que receptaré también lo que se desprende de nuestro examen de la teoría de Schauer expuesta *supra.*

En el contexto de su crítica a la tesis de acuerdo con la cual la concepción de los derechos fundamentales como principios directivos o directivas posee mayor capacidad explicativa de las prácticas judiciales que la concepción de los derechos fundamentales como principios regulativos o imperativos, Ferrajoli aporta el siguiente ejemplo (muy elocuente) que nos permite profundizar en nuestra crítica:

> «En suma, el resultado de este enfoque es un oscurecimiento del alcance normativo de los principios constitucionales. Por ejemplo, escribe Ronald Dworkin: "La primera enmienda a la Constitución de los Estados Unidos establece que el Congreso no debe limitar la libertad de expresión. ¿Se trata de una norma, de modo que si una determinada ley limitase de hecho la libertad de expresión, sería por ello inconstitucional? Los que sostienen que la primera enmienda es un "absoluto" dicen que se la debe tomar en este sentido, es decir, como una norma. ¿O se reduce, en cambio, a enunciar un principio, de modo que, de descubrirse una limitación de la libertad de expresión, sería inconstitucional a menos que el contexto evidenciase algún otro principio o una consideración de oportunidad política que, en determinadas circunstancias, tuviese la importancia requerida para permitir su limitación? Tal es la posición de los que defienden el llamado factor del "riesgo claro y actual" o alguna otra forma de "ponderación"". Creo que esta es la posición de los que asumen la constitución no como un conjunto de normas vinculantes, sino más bien como principios morales, cuyo respeto, cuando entran en conflicto con otros, queda librado a la discrecionalidad argumentativa del intérprete».[59]

[59] Ferrajoli (2010: 42). La cita es de Dworkin (1971), que Ferrajoli cita en la versión italiana.

Son varias y diversas las reflexiones que merece este párrafo. Repárese, en primer lugar, en que en el ejemplo hace referencia a un típico derecho de libertad, la libertad de expresión, que, de acuerdo con Ferrajoli, debería ser conceptualizado *a priori* como un principio regulativo o imperativo y, por ende, con una normatividad fuerte, de modo que ha de operar, asimismo, bajo el modelo de la subsunción. En segundo lugar, que Dworkin, refiriéndose al Derecho norteamericano (y no en general a cualquier sistema jurídico), entiende que la libertad de expresión no es tomada —traducido a la terminología de Ferrajoli— forzosamente como un principio regulativo o imperativo, sino que puede ser también interpretado como un principio directivo o directiva —siempre en la terminología de Ferrajoli—. En tercer lugar, en lo que aquí me interesa destacar, que de aceptarse esta última interpretación, implicaría que el derecho a la libertad de expresión puede admitir excepciones; vamos a suponer, conforme a nuestros propósitos, que tales excepciones pueden provenir de otros derechos constitucionalmente garantizados (dejando fuera de consideración la posibilidad de su derrotabilidad por principios morales no juridizados positivamente en la Constitución). En cuarto lugar, que un ejemplo típico de esto último —que se da, de hecho, no solo en el Derecho de Estados Unidos, sino en muchos otros países— es que la excepción al derecho a la libertad de expresión suele introducirse en nombre del derecho a la privacidad o intimidad (que es, también, un derecho vinculado a las libertades). En quinto lugar, que como estas excepciones no suelen estar establecidas por la constitución o las leyes de manera general, son los tribunales de justicia los que usualmente, de hecho, han ido estableciendo las circunstancias que habilitan las excepciones, así como su justificación a través de un ejercicio de ponderación argumentada.[60] En sexto lugar, que las constituciones nada prescriben o suelen prescribir sobre la fuerza normativa de estos derechos constitucionales (u otros).

Ferrajoli no duda en rechazar una consideración como la de Dworkin y, en particular, la segunda de las opciones que este comenta. A su juicio, el derecho a la libertad de expresión debería ser concebido como un principio regulativo o imperativo y, por ende, como un derecho inderogable que ha de operar bajo el modelo de la subsunción. El ejemplo del Derecho estadounidense y el de muchos otros países muestra, por lo menos, que los tribunales no consideran, de hecho, al derecho a la libertad de expresión como un principio inderogable que opera bajo el modelo de la subsunción, sino todo lo contrario. Es cierto que, como bien señala Ferrajoli y veremos enseguida, la práctica jurídica de los tribunales no puede operar como criterio de corrección porque el criterio de corrección está dado por las normas que ellos deben aplicar. Ocurre, no obstante, que en el supuesto bajo análisis las normas de los sistemas jurídicos nada prescriben (o suelen prescribir) en relación con la fuerza normativa de los derechos constitucional-

---

60 En un texto posterior, Ferrajoli aporta ejemplos en los que la Constitución misma resuelve este tipo de contradicciones o conflictos: «Son los casos […] de la libertad de información, que como dice Moreso puede entrar en conflicto con (y encontrar el límite del) "derecho al honor, a la intimidad y a la propia imagen" […]. Pero se trata, en estos casos, de un "conflicto" que ha sido resuelto ya habitualmente por las propias constituciones: por ejemplo, por el artículo 20.4 de la Constitución española, en el que se establece que "estas libertades tienen su límite en el respeto a los derechos reconocidos en este Título... y, especialmente, en el derecho al honor, a la intimidad, a la propia imagen"; o por el artículo 21, apartado 3 de la Constitución italiana, que incluso prevé la posibilidad de que algunos actos de ejercicio de la libertad de manifestación del pensamiento, por ejemplo las injurias o la difamación, se configuren como "delitos"» (Ferrajoli, 2006: 87).

mente consagrados. Son, en este aspecto, indeterminados. Dado que, en general, la indeterminación del Derecho no hablita a excusarse de decidir los casos, sino que, por el contrario, hay usualmente obligación para los tribunales de pronunciarse, la decisión quedará librada a su discrecionalidad. Por lo tanto, en el plano de la identificación del Derecho en supuestos como los aquí considerados, desde la perspectiva del iuspositivismo conceptual o metodológico, normativista y convencionalista no es posible calificar o categorizar con verdad al derecho de libertad de expresión como un principio regulativo o imperativo.

Adicionalmente, véase que si, siguiendo a Ferrajoli, concebimos el derecho a la libertad de expresión y el derecho a la privacidad o intimidad como principios regulativos o imperativos, es decir, como normas inderogables (i.e., que no admiten excepciones), en aquellos casos en que, a través de la libertad de expresión, se ocasione un perjuicio a la privacidad o a la intimidad, lo que habrá, en rigor, será una contradicción normativa, es decir, soluciones normativas incompatibles para el mismo caso genérico, en la terminología de Alchourrón y Bulygin.[61] Considerando que, en casos como estos, también de indeterminación normativa, los tribunales (en general, contingentemente) no pueden tampoco excusarse de pronunciarse, sino que tienen obli-

61 Alchourrón-Bulygin (1974). Una reconstrucción de los principios en cuestión sería la siguiente: N1: «Bajo toda circunstancia es obligatorio, para toda persona, respetar la libertad de expresión»; y N2: «Bajo toda circunstancia es obligatorio, para toda persona, respetar la privacidad o intimidad». Ferrajoli ha precisado que él no niega en absoluto que no puedan existir contradicciones o conflictos entre derechos fundamentales (Ferrajoli, 2006: 83); más allá de ello, critica el hecho de exagerar o dramatizar su existencia y analiza ciertas situaciones normativas postuladas como contradicciones o conflictos entre derechos fundamentales para demostrar que, en realidad, bien analizada la situación, no lo son (véase Ferrajoli, *ibídem*: 85-91).

gación de hacerlo, la solución que den quedará igualmente abierta a su discrecionalidad.

Las anteriores consideraciones muestran, a mi entender, que para que los derechos fundamentales consagrados en un sistema jurídico puedan ser correctamente categorizados como principios regulativos o imperativos en el sentido de Ferrajoli y no conducir, además, a contradicciones normativas como la señalada, no solo han de prescribir que los derechos fundamentales reconocidos en él son inderogables, sino también establecer una jerarquía entre ellos, de modo que, en caso de que más de uno de ellos resulte aplicable, quede preestablecido de manera general y por adelantado cuál de ellos ha de preferirse. Esto es perfectamente posible en teoría y, por ello, ha de ser debidamente tenido en cuenta como uno de los escenarios concebibles, e inclusive puede ser objeto de una argumentación práctico-normativa en su favor. Volveré sobre este último aspecto enseguida. Ahora, sin embargo, quisiera detenerme todavía un poco más en el escenario que nos depara la realidad de los sistemas jurídicos en los que ni la fuerza normativa de los derechos fundamentales ni la jerarquía entre ellos están precisadas.

En particular, creo que es interesante examinar una crítica de Ferrajoli al modelo constitucionalista principialista y argumentativo en los siguientes términos, que puede leerse como una respuesta a la idea de tomar a la práctica de los tribunales como criterio de corrección de lo que ha de valer en Derecho:

> «Ciertamente, esta tesis registra la fenomenología del Derecho como hecho; pero ignora su posible contraste con el derecho como norma. Por ello es generalmente asumida no solo como descriptiva, sino también de hecho como prescriptiva, es decir, como representación de la práctica jurídica no solo tal "como es", sino también "como es justo

que sea" y, en todo caso, como "no puede dejar de ser". De esta manera, la efectividad se confunde con la validez. Es en esta constante referencia a la práctica judicial, no solo como criterio de identificación sino también como principal fundamento de legitimidad del Derecho, donde reside el otro elemento que el constitucionalismo argumentativo y principialista comparte no solo con el realismo sino también con el neopandectismo; que igualmente enfatiza el rol de las *praxis*, es decir el "Derecho como hecho" más que "como norma", y propone, como alternativa a la crisis de la ley —que se juzga irreversible—, un renovado "rol de los juristas", inspirado por una clara opción iusnaturalista».[62]

Comparto con Ferrajoli —pero precisando, en el marco del modelo iuspositivista normativista y convencionalista del derecho y del conocimiento jurídico— que no hay que confundir, asociar ni fundir la validez jurídica (ya sea entendida como pertenencia, creación regular o fuerza obligatoria) con la eficacia —que es una noción fáctica— ni con la legitimidad —que es una noción normativa correspondiente a la teoría de la justicia—. No obstante, ante la ausencia de determinación de un sistema jurídico respecto de la fuerza normativa de los derechos fundamentales por él reconocidos, los criterios judiciales a este respecto podrían ser considerados como una manera de interpretar cuál es la fuerza normativa de estos derechos sobre la base de ciertas razones —como, por ejemplo, ciertas expresiones del prólogo de una Constitución o ciertas características que surjan del plano normativo en su conjunto en una interpretación sistemática, etc.—, más allá de que esta interpretación resulte o no concluyente o convincente. Los criterios judiciales también podrían ser interpretados como el establecimiento de una norma general (válida para el futuro) en virtud del ejercicio de su competencia, si este es el caso, o incluso

[62] Ferrajoli (2010: 23).

como una mutación revolucionaria de la Constitución, si los tribunales en ello involucrados no tenían competencia para ello y dicha norma se vuelve eficaz en los términos de la noción de *revolución jurídica* de Hans Kelsen.[63]

Ferrajoli equipara, pone en pie de igualdad, el ejemplo del derecho a la libertad de expresión con el ejemplo del derecho del imputado a no ser sometido a la tortura judicial para tratar de mostrar que, en este segundo caso, al igual que en el primero, debe descartarse la reconstrucción de estos derechos como principios directivos o directivas e inclinarse, en cambio, por su reconstrucción en términos de principios de principios regulativos o imperativos. Así, afirma:

> «Tómese otro ejemplo: el derecho de inmunidad contra las torturas, que puede entrar también él en conflicto, como ha sostenido el jurista americano Alan Dershowitz, con la necesidad, en casos "excepcionales" (obviamente los casos de escuela son siempre "excepcionales"), de reunir informaciones vitales de un terrorista que —"sabemos"— está "en conocimiento" de futuros, gravísimos atentados [*Why Terrorism Works. Understanding the Threat Responding to the Challenge* (2002), tr. it., Terrorismo, Roma: Carocci, 2003, 118 y ss. y 125 y ss.]. **Pues bien, según el modelo normativo y garantista de las constituciones, la inmunidad contra las torturas no admite excepciones**. El principio moral de la seguridad podrá, por ello, operar en el plano moral, pero no en el plano jurídico; con la consecuencia de que quien está convencido de encontrarse ante un terrorista que está en conocimiento de un futuro y gravísimo atentado, deberá asumir, si pretende violar la prohibición absoluta de la tortura para salvar la vida de innumerables personas, la responsabilidad moral de cometer el crimen de tortura y de sufrir las sanciones respectivas, sin pretender la cobertura del Derecho. Este es el costo mínimo que debemos

[63] Kelsen (1960: capítulo V).

pagar a las garantías de los derechos fundamentales contra el arbitrio».[64]

Ahora bien, sin el apoyo en las prescripciones de un determinado sistema jurídico, afirmar —como hace Ferrajoli— que «la inmunidad contra las torturas no admite excepciones», esto es, que esta ha de ser categorizada como un principio regulativo o imperativo, es una petición de principio. Esto es una consecuencia necesaria, justamente, de la adopción del iuspositivismo conceptual o metodológico, normativista y convencionalista que él defiende: la existencia y contenido del Derecho depende (exclusivamente) de fuentes sociales admitidas en un sistema jurídico como válidas. Ello sin perjuicio de que la inmunidad contra la tortura judicial, además de ser considerada un derecho absoluto o «intangible» por importantes tratados internacionales de derechos humanos,[65] suele ser considerada tanto por la doctrina como por la jurisprudencia, si no como un derecho absoluto (esto es, no sujeto a ningún tipo de excepciones), sí al menos como un principio sujeto a muy pocas y extraordinarias excepciones muy justificadas,[66] lo cual es una diferencia muy importante respecto a la manera en que tanto la doctrina como la jurisprudencia conciben derechos como el de la libertad de expresión o el de privacidad e intimidad.

---

64 Ferrajoli (2010: 42, nota al pie de página 72). El énfasis en negrita me pertenece.

65 Así, por ejemplo, el Pacto Internacional relativo a los Derechos Civiles y Políticos, la Convención Europea de Derechos Humanos y la Convención Americana de Derechos Humanos. Véase, al respecto, Sucar (2019: 361).

66 Ejemplos de excepción a la prohibición de la tortura en la doctrina y la jurisprudencia no solo se han dado en los Estados Unidos de Norteamérica, sino también, por caso, en Alemania. Véase Sucar,(2019: 1326-1388).

Cuando Ferrajoli precisa que «la inmunidad contra las torturas no admite excepciones *según el modelo normativo y garantista de las constituciones*», el enunciado debiera ser tomado, a mi entender, como una propuesta práctico-normativa en el marco de un iuspositivismo ideológico (digamos, débil en general, pero fuerte en relación con los derechos fundamentales constitucionalizados). Ello, desde luego, no ha de ser interpretado como una exégesis de lo que Ferrajoli está afirmando; muy por el contrario, implica un desplazamiento de lo que él sostiene. Cuando digo «debiera ser tomada», quiero significar que es mejor o más rentable en términos conceptuales presentar las ideas del modo en que lo propongo; lo cual nos conduce a examinar esta otra perspectiva de análisis claramente situada en el plano axiológico. En este punto crucial de nuestro estudio resulta oportuno retomar los desarrollos de Schauer expuestos más arriba.

Su distinción entre sistema atrincherado y sistema comunicacional ciertamente podría ser empleada para categorizar o conceptualizar sistemas jurídicos o sectores de ellos en el marco de la identificación del Derecho. Ahora, sin embargo, me interesa utilizarla para poner de manifiesto una discusión práctico-normativa acerca de los pros y los contras de adoptar uno u otro para ser plasmado en un sistema jurídico. Supongamos, al efecto, y para ser muy gráficos, que, con miras a redactar una Constitución, los integrantes de un poder constituyente originario se interrogan acerca de la fuerza normativa de la que habría que dotar a los derechos fundamentales que quieren incorporar a dicha Constitución, o tan solo a un grupo de ellos diferenciadamente respecto de otros. Estos constituyentes se encuentran en un contexto práctico-normativo, es decir, en un contexto en el que hay que decidir cómo guiar ciertas conductas conforme a normas jurídicas, en este caso, constitucionales, vale decir, adoptar cierto modelo de toma de decisiones. Para ello, deben realizar un razonamiento político-moral —que, por definición, no está sujeto a una regulación por normas jurídico-positivas— que culmine en la creación de una Constitución; en nuestro ejemplo, una Constitución que establezca, o bien un sistema atrincherado, o bien un sistema comunicacional para todos los derechos fundamentales contemplados en ellas o solo para un grupo de ellos. En este contexto, podemos imaginar que el proceso de deliberación de los constituyentes se enmarca en la perspectiva del iuspositivismo ideológico, solo que ahora bajo una definición algo modificada. En efecto, la noción de iuspositivismo ideológico está pensada para la situación en la cual ya hay un sistema jurídico cuyas normas han sido identificadas, y en esa situación se da un pronunciamiento normativo acerca de si esas normas deben (moral, prudencial o políticamente; en todo caso: extrajurídicamente) ser obedecidas o aplicadas (sea siempre o bajo ciertas circunstancias). Dado que en la situación que estamos suponiendo ahora no hay todavía un sistema jurídico cuyas normas han sido ya identificadas, la noción de iuspositivismo ideológico debe ser adaptada a ella de modo que quede incluido el pronunciamiento (basado en razones prudenciales, morales o políticas; en todo caso, extrajurídicas) sobre cómo deberían ser las normas a crearse en relación con el deber jurídico de obedecer o aplicar los derechos fundamentales o un grupo de ellos incorporados a la constitución.

Si se eligiese un modelo atrincherado, ello implicaría que los derechos fundamentales concernidos por este atrincheramiento serían derechos cuyas instanciaciones podrían determinarse sin referencia a la justificación que subyace a ellos; esto es, ninguna experiencia recalcitrante podría conducir a una solución normativa diferente de la que surge del significado de las formulaciones normativas que expresan estos derechos, aun si dicha solución parece injusta o se considera que, al formularse el derecho fundamental en cuestión, alguna propiedad que se considere relevante por el aplicador desde un punto de vista extrajurídico (como prudencial, moral o político) o incluso jurídico (como, por ejemplo, en función de otro derecho fundamental de igual jerarquía del mismo sistema jurídico) ha sido desafortunadamente dejada de lado. Similares consideraciones serían trasladables al legislador ordinario. Si se elige un modelo comunicacional, en cambio, las instanciaciones de los derechos fundamentales sí podrían determinarse con referencia a la justificación que subyace a ellos, de modo que una experiencia recalcitrante sí podría conducir a una solución normativa diferente de la que surge del significado de las formulaciones normativas que expresan estos derechos. En la primera hipótesis ni el legislador ni en tribunal podrían introducir excepciones que modifiquen la solución prevista por los derechos fundamentales en cuestión, mientras que en la segunda sí podrían hacerlo bajo ciertas circunstancias más o menos extraordinarias y sobre la base de cierta justificación normativa. En la opción de un modelo atrincherado, la normatividad es fuerte porque hay una presión normativa mayor que en el modelo comunicacional. Ello es así porque lo prescrito por los derechos fundamentales concernidos no sería opcional en ninguno de los dos sentidos indicados por Schauer: el hecho de que la regla exista se convierte en una razón para la acción y esta razón persiste incluso cuando su aplicación en un caso particular (o incluso en ciertos casos generales) pueda parecer injusta o inconveniente.

Ambos modelos de toma de decisiones —el atrincherado y el comunicacional— tienen sus ventajas y sus inconvenientes. En particular, ninguna de la alternativas carece de costos. Así, por ejemplo —por simplificar ahora, con un propósito meramente ilustrativo, un balance de razones muy complejo—, en favor del primer modelo podría argumentarse que preserva los valores de la seguridad y la previsibilidad. Además, sobre todo, de que protege ciertos bienes o intereses de manera absolutamente rigurosa. En favor del segundo, puede argüirse que evita consecuencias injustas o muy inconvenientes en muchos casos. El beneficio que se atribuye a cada una de estas alternativas constituye un costo para su rival, con lo que el atrincheramiento de los derechos fundamentales es una postura axiológica defendible, pero no obvia o ineluctable. Y, en cualquier caso, y más aún por esta última razón, no puede ser atribuida *a priori* a los derechos de libertad, por ejemplo, de todos los sistemas jurídicos de las democracias liberales, tal como pretende Ferrajoli. En el plano teórico de la identificación del Derecho, se tratará de un análisis —seguramente complejo, dada la falta, en general, de previsiones explícitas al respecto— anclado en cada sistema en particular. En el plano práctico-normativo, se tratará, en cambio, de una propuesta, fundada en razones político-morales, de un diseño normativo relativo a la fuerza normativa que han de tener, en un sistema jurídico, los derechos fundamentales o, por lo menos, un conjunto de ellos. Esta también será una tarea muy compleja, pero de una naturaleza enteramente distinta, pues tiene que ver con una ponderación normativa de valores político-morales (y no con la identificación de lo que prescribe el derecho positivo de un sistema jurídico en particular).

Cabe todavía advertir algo que no deja de revestir un interés particular y que podría pasar inadvertido por obvio: Ferrajoli defiende en el plano práctico-normativo —según venimos argumentando— un sistema atrincherado —en la terminología de Schauer—, pero siempre que se trate de un sistema jurídico que considere legítimo, esto es, dicho a grandes rasgos, que posea las características de una democracia liberal con un catálogo de derechos fundamentales propios de dicho sistema. En otros términos: Ferrajoli no defendería el atrincheramiento de un sistema jurídico cuyo régimen jurídico contenga los principios propios de un Estado totalitario o de una dictadura. En sistemas jurídicos de este último tipo, parecería mejor —dentro de todo— concebirlos de modo comunicacional a fin de que existan mayores posibilidades de permitir consecuencias menos drásticas de las que se seguirían de concebirlo atrincheradamente. Y merece también destacarse otro rasgo saliente de su propuesta: la discusión político-moral sobre el contenido del Derecho queda reservada fundamentalmente al momento anterior a la creación o establecimiento del sistema jurídico, es decir, a la tarea del poder constituyente originario; una vez creado o establecido el sistema jurídico, en cambio, la discusión político-moral solo cabe en los márgenes que la (inevitable) imprecisión del Derecho deja abierta al poder constituyente derivado, al legislador ordinario o a los tribunales. Dicho de otro modo, una vez creado o establecido un sistema jurídico legítimo, este ha de operar atrincheradamente en el nivel de ciertos derechos fundamentales.

Habíamos dejado dos cuestiones pendientes. Es momento de brindarles una respuesta.

La primera tenía que ver con la tesis de García Figueroa, criticada por Ferrajoli, de acuerdo con la cual los derechos fundamentales son derrotables en el sentido de que pueden y deben resultar inaplicados si se dan nuevas excepciones no previstas *ex ante*, siempre que ello esté justificado. Al respecto, nos habíamos preguntado sobre su estatus: si se trata de una tesis descriptiva respecto de los que ocurre de hecho en los sistemas jurídicos (más allá de sus previsiones), o si se trata de una propuesta práctico-normativa acerca de cómo deberían actuar los jueces en los casos concernidos por la aplicación de principios, o —finalmente— si se trata de una tesis acerca de lo que prescriben los sistemas jurídicos (relativa a la identificación del Derecho). Cualquiera de estas tres tesis podría sostenerse y también podrían ser sostenidas conjuntamente. Desde nuestro punto de vista, lo importante es distinguirlas cuidadosamente. En los términos de la citada distinción de los modelos de Schauer, en el primer caso se aludiría a la vigencia de una práctica de un sistema comunicacional en lo tocante a la aplicación de los derechos fundamentales; en el segundo caso, de una propuesta normativa de implementación de un sistema comunicacional para la aplicación de los derechos fundamentales; y en el tercero, de que acuerdo con las normas jurídicas de un sistema jurídico, un sistema comunicacional es lo que está prescripto para la aplicación de los derechos fundamentales.

La segunda cuestión versaba sobre si la tesis de Ferrajoli de la sujeción de los jueces a la ley es una tesis que concierne a la identificación del Derecho, una aspiración práctico-normativa o ambas cosas. Como se trata de tesis independientes, estas pueden ser afirmadas separada o conjuntamente. Sin duda, Ferrajoli afirma ambas, pero la verdad de la primera se da más bien por supuesto. El peso de su argumentación cobra mayor espesor, sobre todo, en la segunda. En uno y otro caso, no hay que olvidar que la tesis de la máxima sujeción posible de los jueces a la ley es solo un tipo de ideal o de diseño constitucional con raigambre sobre todo en la Europa continental, pero no en el mundo anglosajón. Recordemos aquí que el ideal codificador de prever, por adelantado, las soluciones normativas a todos los casos concebibles con la mayor precisión posible para que el juez se limite a aplicarlas, tan típico de la tradición del *Civil Law*, es bastante ajeno a la del *Common Law*, donde no solo no hay comúnmente códigos, sino que incluso no parece posible identificar un cuerpo de reglas fijas encerradas en principios canónicos inconmovibles, previstas por adelantado para su aplicación por parte de los jueces; y donde se espera —y, de hecho, así ocurre— un rol mucho más activo y creador de los jueces, para quienes la legislación es más un esquema orientador que un sistema completo y cerrado de casos correlacionado con soluciones normativas al cual deben estar completamente sometidos. Estas diferencias entre ambas tradiciones jurídicas, indudablemente, deben ser tenidas en cuenta tanto a la hora de identificar el Derecho como a la de entablar una discusión práctico-normativa sobre qué modelo o diseño suyo es más deseable en términos político-morales. La sujeción de los jueces a la ley es un elemento importante o, incluso, una pieza clave para la existencia de un sistema atrincherado.

Iniciamos esta introducción con dos interrogantes centrales. El recorrido efectuado nos permite darles las siguientes respuestas, con las que concluiremos este apartado.

En relación con el primero de ellos, relativo a cuál es la estructura de los derechos fundamentales, lo primero que cabe decir es que no existe una única estructura para todos los tipos derechos fundamentales. En segundo término, que la elaboración teórica de la tipología de los derechos fundamentales en atención a su estructura depende de las características del material normativo que ofrecen los sistemas jurídicos. De dichas características depende, por lo tanto, la reconstrucción teórica que se ofrezca de los elementos de la estructura de los diferentes tipos de derechos fundamentales que se establezcan. Limitándonos ahora a los derechos fundamentales que Ferrajoli categoriza como principios regulativos o imperativos, su estructura contiene los siguientes elementos: universalidad de los sujetos titulares de los mismos, condiciones cerradas de aplicación en su antecedente y operatividad bajo el modo de la subsunción. Para que un texto o conjunto de textos proveniente de una fuente válida de Derecho pueda ser reconstruido teóricamente como un derecho fundamental que reviste la estructura de lo que Ferrajoli define como un principio regulativo o imperativo, han de poderse discernir en dicho texto o conjunto de textos (una vez interpretados, esto es, una vez que se les haya asignado un significado) las referidas características.

Ahora bien, los mentados elementos de la estructura del tipo de derechos fundamentales que estamos considerando (lo mismo que para los demás tipos de derechos fundamentales) no están disociados de su fuerza normativa. Así, en la relación con el segundo interrogante planteado al inicio de esta contribución, relativo a cuál es la fuerza normativa de los derechos fundamentales, hemos de decir, para comenzar, que esta es inescindible de su estructura. Para continuar, la fuerza normativa de los derechos fundamentales categorizados como principios regulativos o imperativos, siguiendo a Ferrajoli, ha sido analizada en términos de tres elementos: inderogabilidad, indisponibilidad e inderrotabilidad. Que la fuerza normativa es inescindible de la estructura puede verse si se tiene en cuenta que la operatividad en términos de subsunción, por ejemplo, es indisociable de que tales derechos fundamentales sean inderogables e inderrotables. En efecto, si el sistema jurídico admitiese que el legislador o los tribunales pueden introducir excepciones no previstas por el sistema jurídico a la aplicabilidad de estos derechos fundamentales, se estaría desplazando la operatividad en términos de subsunción en favor de una operatividad en términos de ponderación; ya sea que dichas excepciones se introduzcan en función de una argumentación que tome como punto de partida estándares del propio sistema jurídico (en cuyo caso, dichos derechos fundamentales no serían inderogables), ya sea que se introduzcan en función de una argumentación que tome como punto de partida estándares externos al sistema jurídico (en cuyo caso, dichos derechos fundamentales no serían inderrotables). Que ello sea así o no, o que resulte indeterminado, es algo que depende de lo que estatuya —y del modo en que lo haga— cada sistema jurídico, análisis que corresponde a la identificación del Derecho, tarea que no cabe confundir con las razones que puedan tenerse en el plano práctico-normativo para sostener que un sistema jurídico debería ser configurado de uno u otro modo, atrincherada o comunicacionalmente, por emplear la terminología de Schauer.

V. CONCLUSIONES

1) Luigi Ferrajoli categoriza conceptualmente los derechos fundamentales en tres grandes clases: principios directivos o directivas, derechos sociales y principios regulativos o imperativos teniendo en cuenta sus diferencias en cuanto a estructura y su fuerza normativa.

2) Los derechos fundamentales que Ferrajoli categoriza como principios regulativos o imperativos se caracterizan, *en cuanto a su estructura*, además de por la universalidad —rasgo común a las tres grandes clases de derechos fundamentales—, por poseer condiciones cerradas de aplicación en su antecedente (caso genérico) y por operar de acuerdo con el modelo de la subsunción (y no de la ponderación). *En cuanto a su fuerza normativa*, por el hecho de que su consecuente, es decir, la solución normativa (conducta genérica calificada deónticamente) debe ser inexorablemente aplicada por las autoridades jurídicas (legislativas o judiciales) a casos individuales o a casos genéricos comprendidos en el caso genérico del antecedente (subsunción), sin que sea posible introducir excepciones en función de otras normas del sistema jurídico (inderogabilidad) ni en función de normas externas al sistema jurídico (inderrotabilidad), cualesquiera sean las consecuencias, además de que el titular del derecho no puede renunciar a la protección de estos derechos (indisponibilidad).

3) De acuerdo con los postulados teóricos del iuspositivismo (conceptual o metodológico) normativista y convencionalista sobre la naturaleza del Derecho y del conocimiento jurídico, para que sea posible identificar, en determinado sistema jurídico positivo, la existencia

de derechos fundamentales que puedan ser caracterizados como principios regulativos o imperativos es necesario demostrar que las características tanto de su estructura como de su fuerza normativa surgen de fuentes válidas de dicho sistema jurídico.

4) La tarea de identificación del Derecho, como tarea teórica, del registro de la razón teórica cuya función es explicar (y no valorar o justificar normativamente), es completamente diferente a la tarea de valorar o justificar (prudencial, moral o políticamente) el Derecho ya identificado o de proponer cómo ha de estar configurado (en virtud de razones prudenciales, morales o políticas), que son tareas práctico-normativas, propias del registro de la razón práctica.

5) Ferrajoli no establece o, por lo menos, no aplica consecuentemente, la anterior distinción en relación con los derechos fundamentales. Ello implica no distinguir claramente —en este punto— el Derecho que es del Derecho que debe ser, lo cual contradice su asunción iuspositivista (específicamente, la tesis de la separación conceptual entre el Derecho y la moral). Su esfuerzo parece estar principalmente dirigido a formular una propuesta práctico-normativa acerca de que los derechos fundamentales de igualdad y de libertad sean configurados, en cuanto a su estructura y fuerza normativa, conforme a las características con las que define los principios regulativos o imperativos. Sin embargo, pese a su importancia, su propuesta práctico-normativa no está suficiente ni muy explícitamente desarrollada en su confrontación, a la manera de pros y contras, respecto de la propuesta contraria a la que él sostiene.

6) La fuerza normativa de los derechos fundamentales y, en particular, su rango de *lex superior*, viene dada,

según Ferrajoli, por su reconocimiento en una fuente constitucional.

7) Para que una propuesta de derechos fundamentales concebidos como principios regulativos o imperativos no conduzca a contradicciones normativas en los supuestos en que más de uno resulte aplicable —y, en consecuencia, a la discrecionalidad de los legisladores o los jueces—, es necesario establecer una jerarquía entre ellos. Dicha propuesta debería contemplar, por lo tanto, no solo el conjunto de derechos fundamentales que han de contar como principios regulativos o imperativos, sino también la jerarquía que ha de imperar entre ellos. Ferrajoli no parece haber contemplado esta circunstancia.

8) La propuesta práctico-normativa de Ferrajoli puede ser conceptualizada como un *sistema atrincherado* en los términos de Frederick Schauer. Entre otras ventajas, ello pone de manifiesto que el esfuerzo principal de Ferrajoli consiste (o debe consistir), entonces, en librar una discusión y una deliberación ponderativa en términos político-morales en pos de cierto tipo de sistema de toma de decisiones en relación con otro rival: el sistema atrincherado en contra del sistema comunicacional; así como de que ambos poseen beneficios y costos entre los que se trata de decidir. Esto último permite, asimismo, dejar claro que, cualquiera sea el resultado de este debate, no puede tener ninguna implicación respecto a la identificación de cuál es, de hecho, en determinado sistema jurídico, la estructura y la fuerza normativa que poseen los derechos fundamentales reconocidos en él.

9) Una tarea como la emprendida en 5-8 conlleva enmarcarse en una suerte de iuspositivismo ideológico fuerte en relación con ciertos derechos fundamenta-

les como los referidos a la igualdad y la libertad. Esto es algo que Ferrajoli parece no advertir.

BIBLIOGRAFÍA

Alchourrón, Carlos E. y Bulygin, Eugenio (1974): *Introducción a la metodología de las ciencia jurídicas y sociales,* Buenos Aires: Astrea.

Bobbio, Norberto (1965): *El problema del positivismo jurídico,* Buenos Aires: Eudeba.

Dworkin, Ronald (1977): *Taking Rights Seriously.* Londres: Duckworth. Hay traducción castellana, (1993): *Los derechos en serio,* Barcelona: Planeta-Agostini.

Ferrajoli, Luigi (1997): «El juez en una sociedad democrática», conferencia dictada en el Primer Congreso de la Asociación Costarricense de la Judicatura, Costa Rica. (traducción de Perfecto Andrés Ibáñez). Disponible en:

<http://biblioteca.cejamericas.org/bitstream/handle/2015/1887/eljuezenunasociedemocratica.pdf?sequence=1&isAllowed=y>. [Consulta: 16/01/2023.]

— (2001): «Derechos fundamentales», en *Los fundamentos de los derechos fundamentales,* Madrid: Trotta, pp. 19-56.

— (2003): «El papel de la función judicial en el Estado de derecho», *Justicia Electoral,* 18, pp. 23-30.

— (2006): *Garantismo. Una discusión sobre derecho y democracia,* Madrid: Trotta.

— (2011 [c.t. 2010]): «Constitucionalismo principialista y constitucionalismo garantista», *Doxa. Cuadernos de Filosofía del Derecho,* 34, 2011, pp. 15-53.

— (2011): "El constitucionalismo garantista. Entre paleo-iuspositivismo y neo-iusnaturalismo", en *Doxa. Cuadernos de Filosofía del Derecho,* 34, 2011, pp. 311-361.

Hart, Herbert L. A. (1958): «Positivism and the Separation of Law and Morals», *Harvard Law Review,* vol. 71, 4: 593-629. Hay traducción castellana, (1962): «El positivismo jurídico y la separación entre el Derecho y la moral», incluido en Herbert L. A. Hart, Herbert L. A., *Derecho y Moral. Contribución a su análisis,* Buenos Aires, Depalma, pp. 1-64.

— (1961): *The Concept of Law,* Oxford: Oxford University Press. Hay traducción castellana, (1963): *El concepto de derecho,* Buenos Aires: Abeledo-Perrot.

Kelsen (1960): *Reine Rechtslehre,* Viena: Franz Deuticke Verlag. Hay traducción castellana, (1979): *Teoría pura del derecho,* México: UNAM.

Raz, Joseph (1979): *The Authority of Law. Essays on Law and Morality,* Oxford: Clarendon Press. Hay traducción castellana, (1982): *La autoridad del derecho. Ensayos sobre el derecho y la moral,* México: UNAM.

Schauer, Frederick (1991): *Playing by the Rules. A Philosophical Examination of Rule-Based Decision-Making in Law and in Life,* Oxford: Clarendon Press. Hay traducción castellana, (2004): *Las reglas en juego. Un examen filosófico de la toma de decisiones basadas en reglas en el derecho y en la vida cotidiana,* Madrid-Barcelona: Marcial Pons.

Sucar, Germán (2008): *Concepciones del derecho y de la verdad jurídica,* Madrid: Marcial Pons.

— (2019): *Derecho al silencio y racionalidad jurídica. Un estudio metodológico, dogmático y filosófico, desde una perspectiva comparatista en el plano nacional e internacional,* Valencia: Tirant lo Blanch.

LA DOBLE DIMENSIÓN DEL CONSTITUCIONALISMO Y ALGUNAS VICISITUDES DE SU IMPLEMENTACIÓN EN MÉXICO

Roberto Lara Chagoyán*

Resumen: El trabajo tiene el propósito de desmontar la ambigüedad de la palabra "constitucionalismo" que, por una parte, hace referencia a un hecho o fenómeno y, por otra, a un conjunto de teorías que se proponen dar cuenta de dicho fenómeno. Como hecho, el constitucionalismo se refiere a la transformación del estado legal al estado constitucional de derecho, que podría traducirse en la impregnación del ordenamiento jurídico de principios y valores constitucionales; de ahí que también se le llame constitucionalización. Y como teoría (o teorías), el constitucionalismo se refiere a las adaptaciones que han sufrido las teorías del derecho del estado legal, para explicar de mejor manera su transformación en un estado constitucional. Asimismo, se hace hincapié en cómo esta doble dimensión del constitucionalismo ha venido penetrando, no sin dificultades, en México.

Palabras clave: constitucionalismo; constitucionalización; rigidez constitucional; interpretación constitucional; positivismo; escuela genovesa; neopositivismo; post-positivismo; regularidad constitucional; juicio de amparo.

* Director Nacional del programa de Derecho en el Tecnológico de Monterrey, Campus Santa Fé, Ciudad de México donde también es Profesor Investigador.

Abstract: *The purpose of the work is to dismantle the ambiguity of the word "constitutionalism" which, on the one hand, refers to a fact or phenomenon and, on the other, to a set of theories that aim to account for said phenomenon. As a fact, constitutionalism refers to the transformation of the legal state to the constitutional rule of law, which could translate into the impregnation of the legal system with constitutional principles and values; that's why it is also called constitutionalization. And as a theory (or theories), constitutionalism refers to the adaptations that the theories of law of the legal state have undergone, to better explain its transformation into a constitutional state. Likewise, emphasis is placed on how this double dimension of constitutionalism has been penetrating, not without difficulties, in Mexico.*

Keywords: *constitutionalism; constitutionalization; constitutional rigidity; constitutional interpretation; positivism; Genoese school neopositivism; post-positivism; constitutional regularity; protection trial.*

INTRODUCCIÓN

El fenómeno de la constitucionalización es un hecho, pero también una teoría en construcción orientada a resolver los desafíos del primero. A pesar de que el fenómeno data del último tercio del siglo XX, no logra ser comprendido en su justa dimensión, entre otras razones, porque no reina la paz entre quienes han venido trazando los confines y las orientaciones de esta necesaria teorización. Consecuentemente, cobra gran importancia acercar este tipo de discusiones a quienes son los auténticos protagonistas del Derecho en acción: los jueces, las juezas y los proyectistas, ya que a ellos se dirige —o debería dirigirse— la (mejor) teoría con el fin de que mejoren la práctica.

El propósito de este trabajo es deshacer la ambigüedad que encierra el vocablo constitucionalismo. A tal efecto, en un primer apartado me referiré a la primera acepción: el fenómeno de la constitucionalización, caracterizado por una serie de cambios que han experimentado los sistemas jurídico-políticos contemporáneos. En el segundo, haré lo propio con relación a la constitucionalización como teoría o, mejor dicho, como teorías, ya que no se trata de una sola. Finalmente, en el tercero, plantearé una serie de reflexiones que, a mi juicio, son necesarias para que los jueces mexicanos terminen por entender por qué es importante reconocer o, en su caso, desarrollar una conciencia jurídica propia ante la esquizofrenia que se vive entre el positivismo y el no positivismo.

I. EL FENÓMENO DE LA CONSTITUCIONALIZACIÓN

Después de la Segunda Guerra Mundial y, particularmente, después de los juicios de Núremberg, el mundo —especialmente el mundo del Derecho— ya no sería el mismo. Tras la terrible experiencia bélica, y el no menos terrible —e inhumano— desdén por la dignidad humana, varios Estados se comprometieron a «poblar densamente»[1] sus constituciones de derechos fundamentales para limitar al poder como no se había hecho antes. Este hecho supuso importantes modificaciones en la forma de pensar y de practicar el Derecho porque los sistemas jurídicos se han «constitucionalizado» o «impregnado de Constitución». Dicho de otro modo, el llamado Estado legal de Derecho fue

---

1 Atienza, M. (2013a): *Curso de argumentación jurídica*, Madrid: Trotta, p. 32.

transformándose en un Estado constitucional de Derecho. Algunos, incluso, han calificado este fenómeno como «nuevo paradigma» o «paradigma constitucionalista».

¿Qué es lo que caracteriza a este fenómeno? Según Manuel Atienza, en este nuevo estado de cosas el Derecho no es solamente un conjunto de reglas, sino también un conjunto de principios y valores; es más dúctil; los jueces tienen, de hecho, más poder para resguardar los derechos de los ciudadanos; la validez de las normas no solo debe ser formal, sino también material; las decisiones de los jueces no deben ser solamente legalmente posibles, sino justificadas; existen espacios políticos que también son controlados por el Derecho (hay, pues, un mayor control judicial); los límites entre la moral y el Derecho son cada vez más difusos; y la argumentación jurídica es más necesaria.[2]

Riccardo Guastini —autor más bien crítico del constitucionalismo— ha sabido definir la constitucionalización de forma prístina:

> «Acogiendo una sugerencia de Louis Favoreau, por "constitucionaización del ordenamiento jurídico" propongo entender un proceso de transformación de un ordenamiento jurídico al término del cual el ordenamiento en cuestión resulta totalmente "impregnado" por las normas constitucionales. Un ordenamiento jurídico constitucionalizado se caracteriza por una Constitución extremadamente invasora, entrometida, capaz de condicionar tanto la legislación como la jurisprudencia y el estilo doctrinal, la acción de los actores políticos, así como las relaciones sociales».[3]

---

[2] Atienza, M. (2013b): *Podemos hacer más. Otra forma de pensar el Derecho,* Madrid: Pasos Perdidos, pp. 33-34.

[3] Guastini, R. (2003): «La "constitucionalización" del ordenamiento jurídico: el caso italiano», en M. Carbonell (ed.), *Neoconstitucionalismo(s),* Madrid: Trotta, p. 49.

Otro autor, Luis Prieto Sanchís, se refiere al fenómeno en estos términos:

> «Los derechos fundamentales, quizás porque incorporan la moral pública de la modernidad que ya no flota sobre el Derecho positivo, sino que ha emigrado resueltamente al interior de sus fronteras [palabras de Habermas] exhiben una extraordinaria fuerza expansiva que inunda, impregna o irradia sobre el conjunto del sistema; ya no disciplinan únicamente determinadas esferas públicas de relación entre el individuo y el poder, sino que se hacen operativos en todo tipo de relaciones jurídicas, de manera que bien puede decirse que no hay un problema medianamente serio que no encuentre respuesta o, cuando menos, orientación de sentido en la constitución y en sus derechos. Detrás de cada precepto legal se adivina siempre a una norma constitucional que lo confirma o lo contradice; si puede expresarse así, el sistema queda saturado por los principios y derechos».[4]

Como sea, este fenómeno de constitucionalización es gradual y pasa, retomando el trabajo de Guastini, por las siguientes condiciones: 1) una Constitución rígida; 2) la garantía jurisdiccional de la Constitución; 3) la fuerza vinculante de la Constitución; 4) la «sobreinterpretación» de la Constitución; 5) la aplicación directa de las normas constitucionales; 6) la interpretación conforme de las leyes; y 7) la influencia de la Constitución sobre las relaciones políticas. El autor afirma que las condiciones 1 y 2 son necesarias para la constitucionalización, mientras que cada una de las restantes es suficiente. Veamos con más detalle estas características.

---

[4] Prieto Sanchís, L. (2004): «El constitucionalismo de los derechos», *Revista Española de Derecho Constitucional*, año 24, 71, mayo-agosto, p. 51.

1. Rigidez constitucional

Una Constitución rígida es aquella que no puede derogarse, modificarse o abrogarse si no es mediante un procedimiento más complejo y oneroso que el utilizado normalmente para reformar las leyes.[5] Para el constitucionalismo representa, en términos generales, una garantía de estabilidad en dos aspectos: primero, en relación con la parte orgánica de la Constitución, la rigidez garantiza el mantenimiento de una infraestructura clara de las competencias constitucionales de los órganos del Estado a través del tiempo; dicho de otro modo: garantiza un elevado grado de institucionalidad; y segundo, por lo que hace a la parte dogmática, la rigidez, acompañada de un grado importante de abstracción de las disposiciones jurídicas (el empleo de términos no específicos a la hora de enunciar derechos y la admisión de excepciones implícitas al ejercicio de los mismos en función de su eventual colisión con otros derechos y bienes, circunstancia en la que es necesaria la ponderación), permite a los jueces constitucionales unir, mediante la interpretación, a las diversas generaciones de una nación bajo el mismo principio de justicia.[6]

Si no hay rigidez y abstracción se corre el riesgo de «amarrar» a los jueces constitucionales al texto específico de la Constitución, dificultando enormemente las interpretaciones progresivas o expansivas de los derechos y contribuyendo a la preservación del formalismo judicial. El principio *pro persona*, tan comentado y alabado últimamente por haber

---

5 «Una Constitución es "rígida" —afirma Víctor Ferreres— si su modificación exige un procedimiento más complejo que el procedimiento legislativo ordinario, frente a lo que ocurre con una Constitución "flexible"». Ferreres Comella, V. (2000): «Una defensa de la rigidez constitucional», *Doxa. Cuadernos de Filosofía del Derecho*, 23, 2000, p. 30.

6 *Ibídem*, pp. 34-35.

sido añadido al artículo 1° constitucional en 2011, se conjuga mejor con un sistema rígido y abstracto (como el que pregona Ferreres Comella) que con uno flexible y concreto, que hace de la Constitución un mero código lleno de detalles y minucias normativas, y en el que la interpretación no juega un papel protagónico.

Ligada a la de rigidez está la idea de irreformabilidad o inmutabilidad de ciertos contenidos; inmutabilidad que puede ser explícita (cláusulas de intangibilidad) o implícita. La incorporación de estas limitaciones implícitas o explícitas no es muy diferente a la que persigue la rigidez: busca, al menos parcialmente, la preservación y la estabilidad del sistema, de ciertas competencias y de los derechos constitucionales a través de diferentes generaciones.[7]

2. *Garantía jurisdiccional de la Constitución*

Es necesario que un tribunal garantice la vigencia del texto y de los valores que representa. La Suprema Corte de Justicia de la Nación es nuestro Tribunal Constitucional que, aunque viene de antaño, ha sido afianzado a partir de la reforma de diciembre de 1994. Este tribunal está llamado a defender la regularidad y los valores constitucionales mediante medios de control como el juicio de amparo, la controversia constitucional y la acción de inconstitucionalidad. En este rubro es posible advertir uno de los principales rasgos del constitucionalismo: el poder contramayoritario razonable, fuerte y que se legitima solo mediante su argumentación y el cumplimiento del deber de independencia,

---

[7] Sobre el tema de las cláusulas de intangibilidad, véase, por todos, De Vega, P. (1985): *La reforma constitucional y el poder constituyente*, Madrid: Tecnos, pp. 222 y ss.

es decir, solo mediante sus decisiones correctas, adecuadas, justas o aceptables.[8]

Los grandes modelos de control constitucional pueden ser clasificados en tres grupos.[9] a) El control *a posteriori* (por vía de excepción) y *en concreto*, como en los Estados Unidos. En este sistema, es posible que existan leyes inconstitucionales por largo tiempo hasta que la Corte Suprema se pronuncie en un caso concreto y declare que la norma es inconstitucional; los efectos, sin embargo, no son generales; *b)* El control *a priori* (por vía de acción) y *en abstracto*, como ocurre en Francia, en donde aparentemente se impide que una norma inconstitucional entre en vigor. Y c) el control *a posteriori* (por vía de excepción) y *en abstracto*, como ocurre en países como Alemania, Italia o España en donde, a diferencia de los Estados Unidos, los efectos de declaración de invalidez de una ley por el Tribunal Constitucional son *erga omnes*.

Asimismo, existen modelos de control concentrado, de control difuso o modelos mixtos, como el que nuestra Suprema Corte adoptó, al resolver el Expediente Varios 912/2010, derivado de la sentencia de la Corte Interamericana de Derechos Humanos en el Caso *Rosendo Radilla Pacheco vs. los Estados Unidos Mexicanos*, emitida el 23 de noviembre de 2009.

---

8 Esta postura es la que esencialmente defiende Rodolfo Vázquez, cuando afirma que es necesario «atrincherar» determinadas cuestiones para impedir que puedan ser modificadas por la regla de la mayoría; a saber: no sólo los derechos civiles y políticos, sino también los derechos sociales. AA.VV. (2008): *Tribunales constitucionales y democracia*, México: SCJN, pp. 378 y 379.

9 Guastini, R. (2003): «La "constitucionalización" del ordenamiento jurídico...», *op. cit.*, pp. 51-52.

3. *Fuerza vinculante de la Constitución*

Este rasgo se traduce en el hecho de que la Constitución ha dejado de ser un mero manifiesto político cuya concretización sea una tarea exclusiva del legislador. En la era de la constitucionalización, la Constitución es una norma jurídica directamente vinculante que interpretan los jueces para darle sentido a las normas secundarias y así resolver los casos que se someten a su consideración. La Constitución es parte de la materia prima del razonamiento judicial. Durante la vigencia del paradigma legalista se consideraba que determinados principios o valores constitucionales, así como los derechos sociales, no podían tener consecuencias normativas de manera directa, es decir, no podían ser aplicados por los jueces a la hora de resolver casos concretos, sino que era necesario esperar a que el legislador se hiciera cargo de la regulación específica y concreta; se trataba de una concepción constitutiva de la Constitución. En el modelo del constitucionalismo, la concepción de la Constitución es regulativa porque impone deberes y obligaciones a todos sus destinatarios, por lo que perfectamente puede ser interpretada y aplicada en los casos concretos.[10]

---

10 Al evaluar las distintas concepciones de la Constitución surge una disyuntiva: o bien abrazar una concepción de la Constitución que sea mecánica, política, procedimentalista y de «fuente de fuentes» del Derecho, es decir, una argumentación histórica conservadora; o bien, abrazar una concepción de la Constitución que sea normativa, jurídica, sustantiva y como fuente (directa) del Derecho, lo que se correspondería con una argumentación histórica progresiva. Claramente, la segunda opción, y no la primera, es la que prefieren los defensores del llamado Estado constitucional, puesto que ven a la Constitución no solo como un documento de carácter político, sino como una norma jurídica vinculante; no simplemente como una «fuente de las fuentes del Derecho», sino «fuente del Derecho» en sí misma considerada; no como una Constitución simplemente «constitutiva» (que se limite a establecer las instituciones y órganos que

4. «*Sobreinterpretación*» *de la Constitución*

Este término alude a la postura que adopta el operador jurídico en la interpretación constitucional. Existen básicamente dos posibilidades: una restrictiva y otra extensiva. El intérprete que opta por la primera postura asume la interpretación literal y ve al ordenamiento jurídico como una obra acabada en la que solo cabe aplicar el texto a los casos concretos de manera mecánica. El argumento interpretativo más utilizado es el argumento *a contrario*, en el que simplemente se determina si el hecho se subsume o no en el supuesto de la norma para determinar si se aplica o no la consecuencia jurídica; la actitud es formalista por antonomasia, y el intérprete se concibe como un operador que no está facultado para colmar una laguna o realizar operaciones argumentativas que permitan hacer derivaciones del texto interpretado, tales como inferencias, ponderaciones, etcétera. Este tipo de intérprete prefiere no hacer nada ante una laguna; piensa que se trata de un problema del legislador. La postura contraria es la que se inclina por la interpretación extensiva («sobreinterpretación»), que busca que no queden vacíos legales o lagunas. El argumento interpretativo más utilizado es el denominado *a pari* o *a simili*, que posibilita derivar o importar soluciones normativas dadas en el texto a casos no regulados expresamente. Este tipo de intérprete no se limita a ver el texto de la ley, sino que su mirada penetra a las llamadas *razones subyacentes* que

materializarán los poderes del Estado y les atribuya ámbitos de competencia), sino también como una Constitución «regulativa» (que declara cuáles son los fines y valores que dan sentido a las formas y procedimientos de acción política y los convierte en prohibiciones y deberes, en estándares sustantivos que aquellos deben respetar. Para ahondar sobre estos «pares» de concepciones de la Constitución, véase Aguiló Regla, J. (2005): *La Constitución del Estado constitucional*, Perú-Bogotá: Palestra-Temis, pp. 63 y ss.

están detrás del texto legal, y que permiten advertir casos de *infra* y *supra* inclusión. Como señala Francisco Laporta en un sugerente ejemplo sobre las tesis de F. Schauer, la norma que prohíbe ingresar a un restaurante con perros no fue pensada, naturalmente, para impedir que un ciego entre con su perro lazarillo (esa no es la razón subyacente), sino para asegurar la tranquilidad de los comensales (esta es la razón subyacente). Por otro lado, un caso no regulado por esa norma, por ejemplo, una pareja que lleva a un bebé que escandaliza con su llanto, podría ser resuelto no con el texto de la norma, pero sí mediante la aplicación de la razón subyacente. En el caso del perro lazarillo, estamos frente a un caso de sobre-inclusión (*over-inclusion*, para Schauer), mientras que el caso del bebé escandaloso sería de infra inclusión (*under-inclusion*).[11]

A nivel constitucional, nuestro artículo 1o., a través del llamado principio *pro persona*, posibilita la sobreinterpretación, ya que, ante un conflicto interpretativo, el juez debe elegir la interpretación del texto que más proteja a las personas, que más respete sus derechos humanos; es decir, ante una disyuntiva entre la dimensión de la autoridad y los valores, deberá elegir estos últimos, aunque ello implique algún tipo de infidelidad con el texto constitucional (enunciado), en el entendido de que atenderá a las razones subyacentes de dicho texto (norma).

Por esta razón, los críticos consideran que esta actividad no consiste en interpretar, sino en «sobreinterpretar», dado que es «más que interpretar». Para los formalistas u originalistas (como los positivistas clásicos), esto constituye una au-

---

11 Laporta, F. (2009): «Certeza y predecibilidad de las relaciones jurídicas», en F. J. Laporta, J. Ruiz Manero y M. A. Rodilla (eds.), *Certeza y predecibilidad de las relaciones jurídicas*, Madrid: Fundación Coloquio Jurídico Europeo, pp. 81-83.

téntica herejía; sin embargo, para los constructivistas (como Ronald Dworkin), la sobreinterpretación es la forma más adecuada para resolver los casos concretos que lo ameriten. Los primeros defienden la idea de «encontrar» el significado, mientras que los segundos defienden la idea de «atribuir» o «asignar» el significado de manera razonable,[12] buscando que el Derecho proyecte en el caso su «mejor luz», como diría Dworkin. La tensión también parece irresoluble, ya que, según los originalistas, si siempre hay que descubrir el significado, entonces lo que se encuentra puede ser falso o verdadero, por lo tanto, el intérprete o se equivoca o no se equivoca; para los constructivistas, la actividad interpretativa consiste más bien en construir el significado, lo cual no puede ser calificado como falso o verdadero.

5. *Aplicación directa de las normas constitucionales*

Las normas constitucionales, con su fuerza vinculante, pueden ser concebidas para limitar el poder político (postura clásica) o también para regular las relaciones jurídicas entre particulares (postura del constitucionalismo). Esta segunda alternativa permite que los jueces resuelvan problemas relacionados con la violación de derechos humanos entre particulares, mientras que la primera no. El constitucionalismo de nuestros días concibe a la Constitución como una serie de normas omnipresentes y transversales de las relaciones sociales con un auténtico espíritu regulativo, como hemos señalado, y no meramente constitutivo, por lo que resulta imperativo que las normas constitucionales sean aplicadas de forma directa en ese tipo de casos.

---

12 Debe tenerse cuidado en no caer en el extremo del realismo, según el cual los jueces, con absoluta libertad, atribuyen significados a las normas de acuerdo con sus preferencias políticas o sus ideologías.

6. *Interpretación conforme de las leyes*

La interpretación conforme hace referencia al hecho de que «la luz» con la que el intérprete busca o asigna el significado de alguna ley proviene de la Constitución, y no al revés. Anteriormente, la operación era la inversa: si uno quería saber cuál era el contenido del texto constitucional, debía acudir a la ley orgánica o a la ley reglamentaria correspondiente, pues, como he señalado, anteriormente no se consideraba que la Constitución fuera una fuente directa del Derecho, sino la fuente de fuentes.

El principio de interpretación conforme, ha escrito Héctor Fix Zamudio, se estableció originalmente en la doctrina y la jurisprudencia alemanas con el nombre *verfassungskonforme Auslegung von Gesetzen* («interpretación de las leyes de acuerdo con la Constitución») y ha cobrado notable importancia en la justicia constitucional contemporánea porque con él se puede evitar la conmoción jurídica que puede llegar a producir la declaratoria general de inconstitucionalidad; a juicio del maestro mexicano, cuando se genera la invalidación general de una norma es necesario colmar la laguna que se crea, dado no siempre es posible sustituirla por la legislación anterior y requiere la intervención del legislador para subsanar las infracciones de la Constitución.[13]

---

[13] Fix Zamudio, H. (2001): «La declaración general de inconstitucionalidad, la interpretación conforme y el juicio de amparo mexicano», *Revista del Instituto de la Judicatura Federal,* 8, p. 136. El insigne autor remite a la siguiente fuente: Haak, V. (1963): *Normenkontrolle und verfassungskonforme Gesetzauslegung des Richters* (*Control normativo e interpretación judicial de la conformidad constitucional*), Bonn: Ludwig Röhrscheid Verlag, pp.184-213; Hesse, K. (1988): *Grundzüges des Vefassungsrecht der Bundesrepublik Deutschland* (*Elementos de derecho constitucional de la República Federal de Alemania*), Heildelberg: C. F. Múller Juristische Verlag, pp. 29-32; *Íd.* (1983): *Escritos de dere-*

Para llevar a cabo una genuina interpretación conforme, es necesario cumplir tres condiciones:[14] la primera, que el enunciado a interpretar tenga un significado dudoso, ya que interpretar solo está justificado cuando el texto permite al operador decantarse por una de las posibilidades interpretativas; en la terminología de Guastini, debe tratarse de una *interpretación-decisión* y no de una *interpretación-conocimiento*, ya que los jueces deben *escoger* un determinado significado con preferencia sobre otros, y deben *usarlo* para calificar el hecho que han de resolver.[15] De acuerdo con la segunda condición, es necesario demostrar que en el caso concreto no se haya podido derrotar el principio de presunción de constitucionalidad[16] del que gozan todas las normas jurídicas, es decir, el operador debe demostrar que, al menos una de las posibilidades interpretativas del enunciado a explicar es compatible con la Constitución u otros valores constitucionalmente reconocidos. De este modo, la premisa o el embrión del reconocimiento de la validez lo brinda la propia disposición, lo cual hace suponer que la posibilidad de validez es una condición necesaria, aunque no suficiente, para la inter-

---

cho constitucional, trad. de Pedro Cruz Villalón, Madrid: Centro de Estudios Constitucionales, pp. 53-57.

14 He desarrollado estas condiciones en Lara Chagoyán, R. (2005): «Estado de interdicción, modelos de discapacidad e interpretación conforme», *Isonomía,* 42, p. 171.

15 *Cfr.* Guastini, R. (1999): *Distinguiendo. Estudio de teoría y metateoría del derecho,* Barcelona: Gedisa, pp. 202-203. [Título original: (1996): *Distinguendo. Studi di teoria e metateoria del diritto,* Torino: Giappichelli].

16 Para Eduardo García de Enterría, la interpretación conforme tiene su origen en dos principios establecidos por la jurisprudencia norteamericana: el primero, que todas las normas generales deben interpretarse en «harmony with the Constitution»; y el segundo, la presunción de constitucionalidad de las leyes. *Cfr.* García Enterría, E. (1981): *La Constitución como norma,* Madrid: Civitas, pp. 95-103.

pretación conforme. Por ello, el desarrollo argumentativo que acompaña un ejercicio de ese tipo debe servirse de la vocación de validez que posee el enunciado a interpretar. Y la tercera, no olvidar que, en los casos difíciles o trágicos, el intérprete ha de buscar la primacía de los valores o principios del Derecho sobre los aspectos autoritativos de este, con lo cual se ubica en una perspectiva que percibe al Derecho como una práctica social más que como un mero conjunto de textos.

7. *Influencia de la Constitución sobre las relaciones políticas*

Este rasgo del constitucionalismo reenvía al hecho de que las relaciones políticas no están exentas de la regulación constitucional. Como he reiterado, una concepción regulativa (más jurídica que política) de la Constitución permite que los tribunales constitucionales resuelvan diferentes tipos de desacuerdos entre diferentes actores políticos. En México, contamos con un medio de control llamado controversia constitucional que está diseñado para resolver conflictos relacionados con la posible invasión de las esferas competenciales de determinados órganos del Estado; asimismo, disponemos de la acción de inconstitucionalidad como medio de control abstracto de constitucionalidad de leyes generales, así como con un sistema de control constitucional en materia de justicia electoral. Por último, una serie de organismos constitucionales autónomos regulan otro tipo de relaciones políticas. Entre ellos destacan el Instituto Nacional Electoral (INE), el Banco de México, la Comisión Federal de Competencia Económica (COFECE), la Comisión Nacional de Derechos Humanos (CNDH) o el Instituto Nacional de Transparencia, Acceso a la Información y Protección de Datos Personales (INAI).

II. EL CONSTITUCIONALISMO COMO TEORÍA DEL DERECHO

Antes de iniciar el análisis de la teoría del constitucionalismo conviene hacer alguna referencia a la confusión que suele presentarse entre las expresiones «constitucionalismo» y «neoconstitucionalismo». Para Manuel Atienza, ambos términos fueron acuñados por algunos representantes de la escuela genovesa «[...] con un propósito manifiestamente crítico y descalificador: para referirse a una concepción del Derecho contraria al positivismo jurídico que ellos profesaban y profesan: digamos, al iuspositivismo metodológico o conceptual [...]. Probablemente ese origen polémico tenga que ver con el uso tan confuso al que la expresión ha dado lugar».[17]. Por lo que respecta al término «neoconstitucionalismo», Atienza argumenta que, si el «constitucionalismo» no existe como teoría, entonces el «neoconstitucionalismo» simplemente está de más. En sus palabras: «De manera que el "neo", simplemente, está de más, y uno está tentado a pensar que el éxito que ha conocido pudiera deberse a razones semejantes a las que hacen que se prefiera hablar de "influenciar" en lugar de "influir", de "concretizar" en lugar de "concretar" o de "direccionar" en lugar de "dirigir". O sea, una corrupción de la lengua basada en la falsa impresión de que alargar una palabra es una forma de agregarle sofisticación, profundidad, a su significado».[18]

---

17 *Cfr.* Atienza, M (2014): «Ni positivismo jurídico ni neoconstitucionalismo. Una defensa del constitucionalismo postpositivista», *Revista Argentina de Filosofía Jurídica*, vol. 15, 1, diciembre, p. 1.

18 *Ibídem*, p. 2. Con todo, fue Susana Pozzolo quien introdujo el término, en un artículo. Pozzolo, S. (1998): «Neoconstitucionalismo y especificidad de la interpretación constitucional», *Doxa,* 21, vol. II, pp. 339-354.

De acuerdo con Manuel Atienza, la constitucionalización, como fenómeno, provoca tres tipos de reacciones entre los teóricos del Derecho: 1) ignorarla; 2) aceptar que existe, pero que no es necesario hacer nada al respecto; y 3) asumir que todos esos cambios ameritan una nueva teorización. Esta tercera opción, a su vez, puede ser desplegada de dos formas diferentes: a) admitir que el «nuevo paradigma» no es sino la plena realización del positivismo; y b) entender que la nueva teoría debe ser no positivista.[19]

Ignorar el fenómeno se traduce en la negación de un hecho incontrovertible. Basta con mirar hacia el pasado reciente para comprobar que las estructuras económicas, políticas y sociales de los países han experimentado importantes cambios que han impactado en el ámbito jurídico, tal y como se vio en el epígrafe anterior. En cambio, aceptar el fenómeno, pero considerar que no es necesario hacer nada al respecto conduce a la adopción de posturas teóricas como las que defiende la escuela genovesa de teoría del Derecho. Y, finalmente, admitir al mismo tiempo el cambio y una nueva teorización abre paso a las tesis no positivistas. Veamos esto con algo más de detalle.

1. *La escuela genovesa*

Paolo Comanducci ha analizado el fenómeno a partir de las categorías elaboradas por Bobbio con respecto al positivismo (en la triple acepción de teoría, enfoque metodológico e ideología)[20] y ha arribado a las siguientes conclusiones.

---

19 Atienza, M. (2021): *Escritos polémicos,* Lima: Palestra, p. 25.

20 Como «teoría», el positivismo se caracterizaría, de acuerdo con Bobbio, por las siguientes notas: *a)* el Derecho es coactivo, es decir, se trata de un sistema de normas que se aplican aun en contra de la voluntad de destinatario; *b)* las normas jurídicas son imperativas, es decir, deben entenderse como mandatos; *c)* la ley tiene supremacía

Si el constitucionalismo fuera una **teoría**, coincidiría perfectamente con el positivismo metodológico, lo cual no supondría algo verdaderamente novedoso ni mucho menos peligroso. El autor considera incluso que el constitucionalismo así entendido no es sino el continuador o el «hijo» del positivismo:

> «Por otro lado, el [neo]constitucionalismo teórico, si acepta la tesis de la conexión solo contingente entre Derecho y moral, no es de hecho incompatible con el positivismo metodológico; al contrario, podríamos decir que es su hijo legítimo. Dado que han (parcialmente) cambiado los modelos de Estado y de Derecho respecto a los típicos del siglo XIX y de la primera mitad del siglo XX, la teoría del Derecho [neo]constitucionalista resulta ser nada más que el positivismo jurídico de nuestros días».[21]

Por otra parte, Comanducci critica al constitucionalismo entendido como **enfoque o metodología**. Recordemos que,

---

sobre las otras fuentes del Derecho; *d*) el ordenamiento jurídico se caracteriza, a su vez, por la plenitud (ausencia de lagunas) y por la coherencia (ausencia de antinomias); y *e*) el único criterio admisible para la aplicación del Derecho es la subsunción. Como «enfoque o metodología» el positivismo jurídico «asume frente al derecho una actitud avalorativa u objetiva o éticamente neutral; es decir, que acepta como criterio para distinguir una regla jurídica de una no jurídica la derivación de hechos verificables [...] y no la mayor o menor correspondencia con cierto sistema de valores». Y como «ideología», el positivismo se identifica con una serie de valores que se derivan de la existencia misma del Derecho. De acuerdo con Bobbio, un positivista podría hacer coincidir el juicio de justicia o injusticia de las leyes con el juicio sobre su validez o invalidez; o bien, podría mostrar que la sola existencia del Derecho, independientemente del valor moral de sus reglas, sirve para la obtención de ciertos fines deseables como el orden, la paz, la certeza o la justicia legal. Bobbio, N. (1991): *El problema del positivismo jurídico*, México: Fontamara, 1991, pp. 42-47.

21 Comanducci, P. (2003): «Formas de (neo)constitucionalismo», en M. Carbonell (ed.), *Neoconstitucionalismo(s)*, Madrid: Trotta, pp. 87-88.

desde esta perspectiva, es indispensable asumir una actitud éticamente neutral ante la identificación de las normas jurídicas. Pues bien, dado que el constitucionalismo entiende a los principios como un puente entre el Derecho y la moral, entonces, de acuerdo con el profesor italiano, no cumple con esa condición. Si la tesis de la conexión justificativa entre moral y Derecho fuera descriptiva, sería falsa, según Comanducci, ya que, de hecho, los jueces justifican sus decisiones mediante normas jurídicas y no morales; y si fuera teórica, sería tautológica, insostenible, inútil o contraria a los valores democráticos:

> «Si la interpretamos como descriptiva [la tesis de la conexión justificativa entre moral y Derecho] sería falsa (en las prácticas judiciales de motivación de las decisiones, en los sistemas jurídicos contemporáneos, las decisiones son explícitamente justificadas ofreciendo razones que son normas jurídicas y no morales). Si la interpretamos como teórica, esta respuesta creo que se transformaría en una tautología: dado que, por definición, toda justificación última, en el dominio práctico, se asume que está constituida por una norma moral, entonces también la justificación última de una decisión judicial está constituida por una norma moral (aunque existan justificaciones intermedias que pueden definirse como jurídicas)».[22]

Finalmente, el constitucionalismo considerado como **ideología** merece, según el autor, las mismas críticas que Bobbio y toda una pléyade de autores han formulado al positivismo ideológico, a saber: que no es posible sostener que existe una obligación moral de obedecer al Derecho por el solo hecho de serlo. Así, el constitucionalismo ideológico adolecería del mismo mal, especialmente por confiar en la ponderación de los principios constitucionales y de la inter-

---

22 *Ibídem*, p. 94.

pretación moral de la Constitución. Estas dos actividades, para Comanducci, reducen peligrosamente la certeza del Derecho por confiar en una moral objetiva que no existe. En sus palabras:

> «De hecho: a) suponiendo incluso que exista, la moral objetiva no es conocida ni compartida por todos los jueces; b) no existe, en nuestras sociedades, una moral positiva compartida por todos los jueces (nuestras sociedades, cada día más, están caracterizadas por un pluralismo ético); c) los jueces no son coherentes en el tiempo con sus propias decisiones, y no construyen un sistema consistente de Derecho y moral para resolver los casos; d) los jueces no siempre argumentan y deciden racionalmente (cualquiera que sea el significado, aun el más débil, que queramos atribuirle a esa palabra)».[23]

Para Riccardo Guastini, otro de los grandes autores de la escuela genovesa, la interpretación constitucional no es sustancialmente distinta a la legal, con lo que tampoco ese rasgo sería distintivo de la teoría del constitucionalismo. Ciertamente, los intérpretes de la Constitución son distintos (jueces, magistrados o ministros), pero esa peculiaridad no es teóricamente relevante. En cuanto a la discusión sobre si los jueces constitucionales pueden o no, mediante la interpretación, alterar los elencos de los derechos humanos, considera que se trata de una disputa meramente ideológica, y no teórica, protagonizada por el iuspositivismo y el iusnaturalismo. Como se sabe, para el primero, los derechos humanos son *creados* por la Constitución, con lo cual la lista de estos es cerrada y de imposible modificación; mientras que, para el segundo, los derechos humanos solo son *reconocidos* por aquélla, lo que permite a los jueces completar la lista, si fuera el caso. Finalmente, Guastini considera

---

[23] *Ibídem*, p. 92.

que tampoco hay grandes diferencias entre las técnicas de interpretación legal y constitucional. Así, considera que la llamada teoría *liberal* de la interpretación (restringir el poder y ampliar los derechos) se aplica por igual cuando se interpreta la ley que cuando se interpreta la Constitución. Afirma también que es perfectamente posible llevar a cabo una interpretación *literal* de los principios constitucionales, pues, de lo contrario, no tendrían contenido prescriptivo. Y, finalmente, estima que la interpretación *evolutiva* no solo se aplica a la Constitución sino a cualquier texto normativo.[24]

2. *El neopositivismo de Ferrajoli*

Ferrajoli es uno de los autores que consideran que el fenómeno de la constitucionalización amerita una nueva teorización, aunque con la horma del positivismo. Debe tratarse, sin embargo, de un positivismo puesto al día, de ahí que llame a su teoría «positivismo crítico» o «neopositivismo». Para él, el iusnaturalismo fue superado por el positivismo (en realidad, «paleopositivismo», según el autor), y este, a su vez, ha sido superado por el actual «neopositivismo» que sería algo así como la culminación o el perfeccionamiento del original.[25]

Si duda, la novedad más importante de este neopositivismo es su concepto de validez. Para Ferrajoli, una norma jurídica puede ser *formalmente* válida cuando ha cumplido los requisitos de forma y procedimiento; pero, además, ha de ser *sustantivamente* válida, es decir, debe satisfacer también

---

24 Guastini, R. (2005): «¿Peculiaridades de la interpretación constitucional?», en E. Ferrer (coord.), *Interpretación constitucional,* México: Porrúa, pp. 658-660.

25 Ferrajoli, L. (1999): «Jueces y política» *Derechos y libertades. Revista del Instituto Bartolomé de las Casas,* año IV, 7, pp. 63-79.

criterios de contenido. Esta cualidad de las normas no parece muy positivista, pero el autor estima que los criterios de contenido están previstos en el propio sistema jurídico, con lo cual es innecesario acudir a criterios externos o ajenos al Derecho como la moral o la política. Por otra parte, para Ferrajoli, la concepción del Derecho ha cambiado: ha dejado de ser un sistema unitario, debido a que es posible que existan normas formalmente válidas, pero sustantivamente inválidas. Por lo demás, la función de la dogmática jurídica consiste ahora en exhibir y corregir las lagunas y contradicciones generadas por la violación de derechos humanos, por lo que no puede seguirse considerando como descriptiva, sino crítica y prospectiva. Finalmente, los jueces actuales tienen una tarea más importante: interpretar y aplicar las leyes conforme a la Constitución.[26]

3. *Los autores no positivistas*

La otra vertiente de las teorías constitucionalistas la forman autores que consideran decididamente que el positivismo jurídico ha cumplido ya su ciclo histórico y ha dejado de estar a la altura de las exigencias del nuevo paradigma constitucionalista. Cada uno con sus particularidades, forman parte de este grupo autores como Ronald Dworkin, Robert Alexy, Manuel Atienza o Carlos Nino, entre otros.

Ronald Dworkin publicaría su famoso artículo: «*Is a Law a System of Rules?*» En él dirigió una de sus más importantes críticas a Hart. En esencia, considera que la teoría defendida por el autor inglés —y, en general, por el positivismo— no toma en consideración el importante papel que juegan los principios en el razonamiento jurídico. Por ello, con-

---

26 Ferrajoli, L. (2003): «Pasado y futuro del Estado de Derecho», en M. Carbonell (ed.), *Neoconstitucionalismo(s)*, Madrid: Trotta, pp. 18-19.

cluye, para poder comprender el uso de los conceptos de obligación y de los derechos fundamentales, es indispensable abandonar el positivismo.[27] Desde entonces, la teoría de Dworkin no haría sino afianzar esta conclusión. Esto queda demostrado a través de otra oposición por él planteada entre el Derecho como sistema de normas y como práctica interpretativa. Para Manuel Atienza, la teoría de Dworkin equivale al dualismo que plantea Ferrajoli entre validez formal y sustantiva; entre la doble función de la dogmática jurídica y entre la aplicación de la ley conforme a la Constitución.[28]

Por su parte, Robert Alexy también distingue entre reglas y principios. Para él, los principios son «[...] mandatos de optimización que pueden ser cumplidos en diferentes grados, y porque la medida ordenada de su cumplimiento no solo depende de las posibilidades fácticas, sino también de las posibilidades jurídicas».[29] Se trata de normas jurídicas que no pueden ser aplicadas a la manera de las reglas (todo o nada). Por ello, en cada caso concreto debe determinarse cómo llevar a cabo esa maximización. Sin embargo, para el constitucionalismo como teoría, la aportación más notoria de Alexy tiene que ver con su concepto de «pretensión de corrección», construida a partir de la influencia de Habermas. El siguiente pasaje da cuenta de esta idea:

> «Que un caso caiga dentro del ámbito de apertura del Derecho positivo significa que el Derecho positivo no establece una solución. Si el juez estuviese vinculado exclusivamente por el Derecho positivo, cuando se agotasen las razones jurídico-positivas siempre podría resolver el caso

---

27 Bonorino, P. R. (2020): *Dworkin*, Lima: Ara Editores, p. 35.

28 Atienza, M. (2007): «Constitución y argumentación», *Anuario de Filosofía del Derecho*, 24, p. 203.

29 Alexy, R. (1997): *Teoría de los derechos fundamentales*, Madrid: Centro de Estudios Constitucionales, p. 86.

> según sus preferencias personales o, simplemente, echándolo a suertes. Sin embargo, esto solo sería compatible con la pretensión de corrección si no existiese ningún otro tipo de razones para la corrección de una decisión jurídica, al margen de las razones del Derecho positivo. Pues bien, las decisiones jurídicas son respuesta a cuestiones prácticas, y más allá de la categoría de las razones jurídico-positivas existe un sinnúmero de razones para responder a cuestiones prácticas. El espectro va desde las consideraciones de conveniencia hasta los principios de justicia, pasando por las concepciones acerca del bien y del mal arraigadas en la tradición. Justicia es la corrección en la distribución y la compensación, y las cuestiones de justicia son cuestiones morales. Las decisiones jurídicas tratan, pues, esencialmente de distribución y compensación. Por ello las decisiones jurídicas tratan esencialmente de cuestiones morales. Esto, junto con la necesidad con la que se formula la pretensión de corrección en las decisiones jurídicas, da lugar a una vinculación necesaria entre la argumentación jurídica y la argumentación moral. Esta vinculación necesaria de argumentos no significa que las decisiones jurídicas moralmente defectuosas no puedan tener validez jurídica, pero sí que tales decisiones son defectuosas no solo moral, sino también jurídicamente. De esta manera la idea de justicia se incorpora al concepto del Derecho».[30]

Como puede verse, la doble dimensión (autoritativa y valorativa) propia del no positivismo también está presente en la obra de Robert Alexy. Se trata, a fin de cuentas, de una consecuencia de la tesis de la incorporación de la moral al Derecho.

Carlos Nino consideró que la eterna pugna entre el positivismo y el iusnaturalismo es una cuestión mal planteada, ya que realmente dichas concepciones no difieren radical-

---

[30] Alexy, R. (2005): *La institucionalización de la justicia*, Granada: Comares, pp. 22-23.

mente, como suele pensarse, especialmente si se habla del positivismo metodológico o conceptual:

> «El resultado de esta discusión nos permite concluir que hay ciertas razones de peso en favor de la posición adoptada por el positivismo metodológico o conceptual respecto de la definición de "Derecho", pero también nos permite advertir que la elección entre esta posición y la del iusnaturalismo no implica tomar partido acerca de alguna cuestión filosófica profunda sino acerca de una mera cuestión verbal. Una controversia acerca del significado que tiene o que debe dársele a cierta palabra —como lo es, en definitiva, la controversia entre el iusnaturalismo y el positivismo conceptual— no representa (una vez identificada como tal) ningún obstáculo insalvable para el progreso de las ideas. Aun si las partes no se ponen de acuerdo (y, al fin y al cabo, ¿quién es uno para legislar cómo cierta palabra debe ser usada por los demás?), ellas pueden entenderse perfectamente si distinguen cuidadosamente el significado diferente que cada parte le asigna a la palabra y si proceden a traducir lo que se dice en un lenguaje al lenguaje alternativo. Como se ha sugerido antes, todo lo que se dice en el lenguaje positivista puede ser traducido al lenguaje iusnaturalista, y viceversa (aunque la traducción sea, en algunos casos, sumamente engorrosa)».[31]

Finalmente, Manuel Atienza identifica el constitucionalismo con una serie de concepciones del Derecho caracterizadas por la centralidad que atribuyen a la Constitución, y que pueden ser vistas como la estela que va dejando, precisamente, el fenómeno de la constitucionalización:

> «Me parece que los déficits que acabo de señalar, y los cambios en los sistemas jurídicos provocados por el avance del Estado constitucional, es lo que explica que se esté ges-

---

31 Nino, C.S. (1999): *Introducción al análisis del derecho*, Ariel, Barcelona, 1999, p. 43.

> tando una nueva concepción del Derecho que no se deja ya definir a partir de los anteriores parámetros. Se sigue hablando de positivismo jurídico (incluyente, excluyente, ético, crítico, neopositivismo, etc.), al igual que de neorrealismo, neoiusnaturalismo, etc., pero las fronteras entre esas concepciones parecen haberse desvanecido considerablemente en parte porque lo que ha terminado por prevalecer son las versiones más moderadas de cada una de esas concepciones. En este cambio de paradigma, la obra de Dworkin (a pesar de sus ambigüedades) ha sido quizás la más determinante, el punto de referencia a partir del cual se toma partido en amplios sectores de la teoría del Derecho contemporánea. Y, de hecho, muchos otros autores procedentes de tradiciones filosóficas y jurídicas muy diversas entre sí (el positivismo jurídico, el realismo, la teoría crítica la hermenéutica, el neomarxismo etc.) han defendido en los últimos tiempos tesis que, en el fondo, no se diferencian mucho de las de Dworkin; pienso en autores como McCormick, Alexy, Raz, Nino o Ferrajoli. Entre ellos existe, desde luego, diferencias que, en ocasiones, no son despreciables, pero me parece que a partir de sus obras pueden señalarse ciertos rasgos característicos de esa nueva concepción».[32]

En síntesis, la nueva forma de pensar el Derecho estaría caracterizada por los siguientes rasgos: 1) la importancia atribuida a los principios; 2) la tendencia a considerar las normas no tanto desde la perspectiva de su estructura lógica cuanto a partir del papel que juegan en el razonamiento práctico; 3) la comprensión del Derecho como una realidad dinámica que consiste no tanto (o no tan solo) en una serie de normas o de enunciados de diverso tipo, sino en una práctica social compleja que incluye, además de normas, procedimientos, valores, acciones, agentes, etc.; 4) la importancia de la interpretación (más como proceso que

---

32 Atienza, M. (2006): *El Derecho como argumentación*, Barcelona: Ariel, pp. 54-55.

como resultado); 5) el debilitamiento de la distinción entre lenguaje descriptivo y prescriptivo; 6) la consideración de la dimensión sustancial —y no meramente formal— de la validez; 7) la concepción de la jurisdicción más allá del legalismo, pues la ley debe ser interpretada de acuerdo con los principios constitucionales; 8) la idea de que entre el Derecho y la moral existe una conexión de tipo conceptual o intrínseco; 9) la tendencia a la integración entre las diversas esferas de la razón práctica: el Derecho, la moral y la política; 10) la consideración de la razón jurídica no solo como razón instrumental, sino también como razón práctica en sentido estricto; 11) la difuminación de las fronteras entre el Derecho y el no Derecho y, con ella, la defensa de algún tipo de pluralismo jurídico; 12) la importancia asignada a la necesidad de tratar de justificar racionalmente las decisiones como característica esencial de una sociedad democrática; 13) la convicción de que existen criterios objetivos que otorgan carácter racional a la práctica de la justificación de las decisiones; y 14) la tesis de que el Derecho no es solo un instrumento para lograr objetivos sociales, sino que incorpora valores morales.[33]

III. REFLEXIONES A PROPÓSITO DEL CASO MEXICANO

Al inicio de este trabajo señalé que mi objetivo era poner al alcance de un jurista dedicado a la jurisdicción la distinción entre el constitucionalismo visto como fenómeno y las teorías del Derecho que se hacen cargo de los cambios experimentados por los ordenamientos jurídicos contemporáneos. En este tercer apartado me propongo cuestionar el medio ambiente en el que se desarrolla la aplicación e

---

[33] *Ibídem*, pp. 55-56.

interpretación del Derecho. Me refiero a cuestiones que atañen a nuestra cultura jurídica y nuestra infraestructura normativa. Se trata de diez inquietudes relacionadas con el funcionamiento de nuestro sistema de justicia. Cada uno de estos diez problemas o tesis tendría que ser desarrollado por separado y, tal vez, integrado en una teoría del cambio de paradigma en México.

1. La necesidad de actualizar el juicio de amparo

El juicio de amparo mexicano es un mecanismo de control constitucional diseñado para la defensa y protección de los derechos que, si bien constituye un orgullo nacional por haber sido el primero en su especie en la historia,[34] actualmente no se ajusta a las exigencias del «constitucionalismo que hoy vive el sur global».[35] En efecto, las altas cortes de países como Colombia, Costa Rica, Brasil o Argentina han adelantado a la mexicana en el desarrollo jurisprudencial referido a la defensa de los bienes constitucionales, especialmente los derechos. Una de las razones que explican esta realidad es que la legislación mexicana que regula el juicio de amparo se ha quedado corta y no ha cumplido las expectativas generadas por las reformas constitucionales en materia de derechos humanos y amparo de 2011.

---

34 Los orígenes del amparo se remontan al proyecto de Constitución yucateca de 1840, al Acta de Reformas de 1847 y a la Constitución de 1857. Para abundar sobre la historia del juicio de amparo, véase, por todos, Fix Zamudio y Ferrer MacGregor (coords.) (2006): *El derecho de amparo en el mundo*, México: UNAM-Editorial Porrúa-Konrad Adenauer, pp. 10-14.

35 Pou Giménez, F. (2014): «El nuevo amparo mexicano y la protección de los derechos: ¿ni tan nuevo ni tan protector?», *Anuario de Derechos Humanos*, p. 92.

El juicio de amparo continúa siendo farragoso, elitista y está fuertemente condicionado por su herencia histórica, dado que siempre ha operado como canal de supervisión del cumplimiento de la legalidad ordinaria. Puede incluso afirmarse que resulta imposible equiparar el amparo con el procedimiento «sencillo, rápido y efectivo» evocado por el artículo 25 de la Convención Americana de Derechos Humanos[36] en gran medida por su cargado formalismo. Así, por ejemplo, 1) se mantienen los efectos *inter partes* como consecuencia del principio de relatividad de las sentencias de amparo, también conocida como «Fórmula Otero» (art. 73 de la Ley de Amparo, en adelante LA); 2) los efectos de la concesión del amparo siguen limitándose a que «la sentencia reestablezca las cosas al estado que guardaban antes de la violación», es decir, no se atienden los lineamientos de la Corte Interamericana de Derechos Humanos" (art. 77, I de la LA); 3) se siguen previendo cinco plazos diferentes para la presentación de la demanda;[37] 4) se mantienen las oscuras e imprecisas figuras de «autorizado», «representante legal», «defensor», «cualquier persona» y, en algunos casos, «los menores» (arts. 6-16 de la LA); 5) sigue vigente la exigencia de que el quejoso identifique a todas las autoridades potencialmente responsables de la emisión de la norma o acto reclamados, exigiendo nombres completos, cargos y direcciones postales (artículo 108, IV de la LA); 6)

---

36 *Ibídem*, pp. 101 y 102.

37 El artículo 17 de la Ley de Amparo establece 15 días de plazo, como regla general; 30 días, cuando se trate de leyes autoaplicativas o contra el procedimiento de extradición (fracción I); 8 años cuando se interponga contra sentencias que impongan pena de prisión (fracción II); 7 años cuando se trate de cuestiones relacionadas con derechos de propiedad y posesión de ejidos y comuneros (fracción III); en cualquier tiempo, cuando se trate de actos de privación de la libertad o similares (fracción IV); y sin regulación alguna para el caso de omisiones.

también se mantiene la exigencia de que el quejoso identifique la norma general, acto u omisión que de cada autoridad se reclame (art. 108, IV de la LA); 7) la suspensión continúa siendo farragosa, por lo que la implementación de las medidas cautelares no ha mejorado en modo alguno (arts. 125-169 de la LA); 8) la inejecución de sentencias sigue siendo obsoleta, aunque solo marginalmente más clara; aumenta la discrecionalidad del juez a la hora de determinar si existe un «incumplimiento justificado» y reemplazar el cumplimiento por una indemnización (arts. 192-214 de la LA); 9) aumentó el número de las causales de improcedencia (art. 61 de la LA): es imposible ampararse frente a ciertas autoridades en ciertas materias, para la preservación de la identidad funcional de la vía y por ausencia; y 10) no se aprovechó la oportunidad para utilizar un lenguaje ciudadano claro y comprensible, ya que la ley sigue conteniendo una gran cantidad de tecnicismos tan sofisticados que son incluso difíciles de entender para los iniciados.

2. *La necesidad de un* certiorari

Es necesario que en la última sede de interpretación constitucional se resuelvan menos (y a la vez más paradigmáticos) asuntos. La Corte mexicana resuelve una cantidad ingente de asuntos: entre 2009 y 2022, el número de asuntos resueltos pasó de 4,000 a 15,241, es decir, casi se multiplicó por cuatro.[38] Con estas cifras se antoja muy complicado el proceso de constitucionalización del que vengo hablando por varias causas: *a)* la gran cantidad de asuntos dificulta la coherencia del tribunal; *b)* los asuntos paradigmáticos,

---

38 Disponible en: <https://www2.scjn.gob.mx/IndicadoresCompetenciaDelegada/paginas/ReportesAsuntosGeneral.aspx?Clase=TipoAsuntoIngresadoResuelto>.

candidatos a formar auténticos precedentes o líneas jurisprudenciales, se pierden en el mar de asuntos rutinarios; *c)* el desechamiento de asuntos se convierte en un incentivo perverso porque es una forma de abatir el rezago; *d)* los ministros y sus equipos de trabajo se ven obligados a resolver los asuntos a partir de la solución más obvia, con lo que se pierden valiosas oportunidades para profundizar en la argumentación de los casos; *e)* se reduce el incentivo de solicitar a *amicus curiae* a instituciones científicas y/o técnicas, limitando las posibilidades de que la sociedad civil fortalezca la justificación de las decisiones, entre otras.

Una posible solución a este problema es el establecimiento de un mecanismo de selección de asuntos relevantes a cargo de la propia Corte, a manera del *certiorari* que funciona en la Suprema Corte de los Estados Unidos, o en tribunales constitucionales como el español, el argentino o el colombiano. Si así fuera, la Corte mexicana se dedicaría exclusivamente a generar una doctrina constitucional propiamente dicha, lo cual generaría beneficios incuestionables, entre ellos la disminución del formalismo, la consolidación de la supremacía constitucional, el fortalecimiento del sistema de precedentes, el aumento de la coherencia en las decisiones, el crecimiento de la certeza y la seguridad jurídica y, en general, una mejor defensa de los valores constitucionales.

3. Construir un eficiente sistema de precedentes

Ciertamente, la reforma constitucional en materia de justicia de 2021 supuso un paso importante, pero insuficiente, en materia de precedentes. Hoy en día, nuestro sistema de precedentes es una mezcla de pasado y presente, ya que las «tesis de jurisprudencia» y «tesis aisladas» ya no se producen en la SCJN, pero sí en el resto de los tribunales federales, con lo cual no sobran dificultades a la hora de operar con ellos.

Subsisten la reiteración y la contradicción como métodos de integración de la jurisprudencia, con excepción de la SCJN. Existen dificultades para determinar con toda claridad qué parte de la ejecutoria es un precedente y qué parte no. Por lo demás, los problemas relacionados con la obligatoriedad de las tesis, su vigencia, su posible retroactividad, su formulación y hasta su misma morfología (un *abstract* que funciona a veces como una regla interpretativa, a veces como un diccionario jurídico y, muchas otras como un mero vaciado de los contenidos de las leyes) continúan presentándose en la práctica cotidiana.

Considero que, especialmente después de la reforma constitucional de derechos humanos de 2011, un país como el nuestro requiere un sistema en el que la doctrina constitucional sea fácilmente identificable; a tal efecto, sería indispensable evolucionar hacia un sistema en el que la triada regla-caso-resultado quede bien delimitada. Una de las deudas más delicadas de nuestro actual sistema de tesis frente al constitucionalismo es, precisamente, la ausencia de hechos o casos concretos. Hemos construido un sistema enorme de reglas interpretativas desconectadas del caso que resolvieron (muy a pesar del esfuerzo de haber incorporado a las tesis un no siempre adecuado resumen del caso concreto), lo cual dificulta sobremanera llevar a cabo los argumentos por analogía propios de un sistema riguroso de precedentes.

4. *Operar mejor el parámetro de regularidad constitucional*

Está claro que en México no hemos logrado entender a cabalidad cómo el bloque de constitucionalidad puede ayudarnos a consolidar nuestro proceso de constitucionalización. La curva de aprendizaje sobre cómo llevar a cabo un control *ex officio* de constitucionalidad y/o convencionalidad en un sistema mixto (difuso y concentrado) no ha sido trazada en su totalidad. Entre los múltiples factores que pueden explicar esta situación cabe citar los siguientes: cierta actitud de parte de algunos operadores jurídicos que oscila de forma pendular de una deferencia casi absoluta hacia una desconfianza casi ciega, con relación a la jurisprudencia interamericana. Quienes toman la primera actitud han sacralizado la jurisprudencia de la Corte Interamericana de Derechos Humanos y la han tomado como la última e incuestionable palabra en la resolución de los conflictos, como si lo dicho en Costa Rica fuera garantía de corrección, por su aparente superioridad epistémica, mientras que quienes están en el otro extremo hacen lo propio con respecto a la jurisprudencia nacional. En este aspecto, la tensión entre supremacía constitucional y soberanía se hace presente y demanda ciertos ajustes, con el objeto de entender en su justa dimensión la función del «parámetro».

5. *Resolver el problema de la frontera móvil*

La Suprema Corte de Justicia de la Nación no ha terminado de consolidarse como un genuino tribunal constitucional porque, entre otras cosas, se ve obligada cada día a mover discrecionalmente la frontera entre legalidad y constitucionalidad, lo cual impide que se consolide la función propia y exclusiva de un tribunal de su naturaleza. El diseño del actual juicio de amparo provoca que un gran número de asuntos alcancen un turno en la Suprema Corte, la mayoría de los cuales no ameritan ser atendidos en esta sede, por tratarse de asuntos de mera legalidad (de ahí que exista un elevado número de desechamientos). Pero, por otro lado, también se desechan un buen número de casos que muy probablemente sí deberían ser resueltos por la Corte (por ejemplo, los de desaparición forzada). Lo preocupante de este problema es que la Corte ha mostrado un comportamiento un tanto esquizofrénico al utilizar al mismo tiempo criterios muy abiertos y otros muy cerrados con relación a la procedencia de la revisión del juicio de amparo, especialmente en la vía directa. El resultado es una frontera móvil entre legalidad y constitucionalidad, que no abona a la consolidación de un sistema de control constitucional robusto, generador de auténticos (y pocos) precedentes que fortalezcan la idea de supremacía constitucional.[39]

6. *Mejorar la regulación de la abogacía*

En el otro lado de los estrados de la Corte, los abogados contribuyen también a la ralentización del proceso de constitucionalización por varias razones, de las cuales solo mencionaré tres: 1) la expedición de cédulas profesionales se ha convertido en un mero trámite que no garantiza la destreza técnica de un abogado. 2) Las escuelas y facultades de Derecho se han multiplicado de forma irresponsable debido a que las autoridades educativas, apoyándose en una legislación laxa, no exigen el cumplimiento de estándares mínimos de calidad para expedir un permiso o licencia para montar una escuela; lo más preocupante es la falta de docentes verdaderamente preparados para enseñar tanto en pregrado como en posgrado: el círculo vicioso se cierra entre malos profesores, malos estudiantes y malos abogados. 3) Las barras y colegios de abogados no han llevado a cabo un auténtico esfuerzo por exigir a las autoridades una actuación más responsable con relación a la expedición de cédulas y el otorgamiento

---

[39] He desarrollado *in extenso* este tema, en Lara Chagoyán, R. (2020): «La frontera móvil entre constitucionalidad y legalidad en la procedencia del amparo directo en revisión», *Cuestiones Constotucionales. Revista Mexicana de Derecho Constotucional*, núm. 43, IIJ-UNAM, pp. 97-127.

de permisos para montar escuelas, lo cual debilita al gremio. Una de las funciones de los colegios es proteger, precisamente, al gremio. Existen voces que proponen una colegiación obligatoria, propuesta con la que yo podría estar de acuerdo, siempre y cuando se trabajara en varios frentes: reducción de escuelas, control efectivo de la docencia, regulación de los propios colegios de abogados y, sobre todo, rigor y honorabilidad en el cumplimiento de todas esas reglas.

7. *Cambios en los planes de estudio*

No es un secreto que, en México, la enseñanza del Derecho se ha convertido en un auténtico negocio. Una escuela o facultad de Derecho se monta fácilmente en el garaje de una casa porque, como señalé en el punto anterior, la legislación es demasiado laxa a la hora de otorgar permisos, ello aunado a los altos niveles de corrupción. Igual de preocupante es la nula exigencia de varias escuelas y facultades para reclutar profesores. La clave de una buena enseñanza está en la calidad docente, ligada a la calidad (y actualidad) de los planes de estudio. Por desgracia, son realmente pocos los centros educativos en México que se preocupan realmente por ese tema; y por desgracia también, suelen ser entes privados solo alcanzables para las élites. De este modo, el universo de profesionales del Derecho es, en cuanto a la calidad, heterogéneo: un gran número de litigantes, jueces, funcionarios, docentes e investigadores, de muy diferente nivel se mezclan en el funcionamiento del sistema jurídico, que marcha más bien a tropezones. Otro tanto habría que decir sobre los sistemas de enseñanza, que se han quedado anclados en un modelo educativo anacrónico basado en la memorización de los códigos sustantivos y procesales, y alejado del razonamiento, la interpretación y, en general, de la enseñanza práctica.

8. *Necesidad de una educación interdisciplinar*

Por razón de lo expuesto, la profesión jurídica ha sido practicada en México en forma más o menos alejada de otras disciplinas y áreas del conocimiento. Muy probablemente, ello sea un eco lejano de aquella cruzada kelseniana pensada para evitar el sincretismo metodológico mediante el intento de crear una «ciencia jurídica pura». Hoy en día es prácticamente incuestionable que una mejor administración de justicia demanda el concurso de las ciencias sociales y las ciencias exactas para administrar mejor el conflicto social. Los problemas que resuelven los jueces son problemas sociales de diverso tipo codificados en clave jurídica. Pero esa codificación no significa (no puede significar) dar la espalda a otras fuentes de conocimiento. Algunas de estas fuentes serían: a) epistemología judicial (argumentación en materia de hechos); b) ciencias sociales aplicadas al fenómeno jurídico (comportamiento de los jueces, estudios de ciencia política sobre tribunales, poder de los jueces, etnografía sobre procesos legislativos, efectos de las sentencias, análisis cualitativos sobre los poderes judiciales y, en general, estudios empíricos sobre determinados fenómenos, entre ellos, la desaparición forzada de personas, el feminicidio, la migración o la corrupción); c) estudios sobre las conexiones entre el Derecho y la cultura (literatura, cine, artes plásticas, etcétera), y d) las múltiples relaciones entre el Derecho y la ciencia.

9. *Capacitación de los jueces y sus equipos*

La capacitación judicial se ha convertido en una aliada de la carrera judicial; sin embargo, en México seguimos sin dar con la fórmula adecuada que nos permita terminar de formar (porque se supone que provienen de una licenciatura en Derecho) a nuestros funcionarios judiciales. Hay muchas preguntas que no tienen una respuesta obvia: ¿El modelo de capacitación judicial tiene que ser el mismo que un posgrado? ¿Realmente necesitamos maestros, doctores e investigadores como jueces? ¿Será mejor un modelo de capacitación técnica? ¿Una especialización basada en la práctica? ¿Los profesores han de ser otros jueces o académicos de carrera? ¿Existirá un modelo intermedio entre academia y práctica judicial? ¿Los docentes deberían ser funcionarios o exfuncionarios judiciales con bases académico-docentes? Como sea, puede afirmarse que la capacitación judicial propia del paradigma constitucionalista implica una orientación muy distinta a la de los programas tradicionales de formación jurídica, basados exclusivamente en la memorización de textos y procedimientos. Considero que el mero injerto de autores, metodologías y estrategias provenientes de Europa y los Estados Unidos tampoco es una solución, dado que las estrategias que funcionan en otras latitudes no necesariamente deben funcionar en el contexto cultural, jurídico, político y social mexicano, que es diferente. En todo caso, a los académicos y a los jueces mexicanos nos toca encontrar nuestro propio modelo, a partir de nuestro contexto y nuestros problemas, quizás tomando en cuenta experiencias de otros países, pero siempre analizando el cómo y el para qué de las importaciones. Necesitamos, en suma, desarrollar nuestra propia teoría adecuando las estrategias y los modelos que han tenido éxito en otras latitudes, sin perder de vista nuestra propia realidad.

10. Necesidad de un federalismo judicial efectivo

El último de los lastres que dificulta el proceso de constitucionalización en México que me gustaría apuntar aquí es el crecimiento exponencial de los órganos de impartición de justicia en el Poder Judicial de la Federación. Entre las razones que explican ese crecimiento desbordado es fácil detectar una en particular: la federalización de la justicia. En efecto, a pesar de que en México tenemos un sistema federal en el que cada entidad federativa y la propia Federación cuentan con su propio sistema de justicia, provisto de sus fuentes y órganos de procuración y administración, los conflictos que les son planteados terminan muy frecuentemente en el juicio de amparo. ¿Qué sentido tiene contar con tribunales superiores o supremos en los estados, si realmente no tienen la última palabra en la mayoría de los conflictos que resuelven? ¿Dónde está lo supremo de esos órganos? Naturalmente, no intento afirmar que en ningún supuesto los casos deban alcanzar las instancias federales. Lo que sostengo es que esa debería ser le excepción y no la regla.

A mi juicio, el amparo funciona como si el Estado mexicano fuera central y no federal. Quizás la idea de un *certiorari* en la Suprema Corte debería estar acompañada de una reforma del juicio de amparo directo para intentar invertir la situación: que los tribunales superiores de justicia de los estados sean realmente órganos terminales en los asuntos de legalidad, y que solo excepcional y justificadamente pudieran alcanzar la justicia federal aquellos casos paradigmáticos. De otra suerte, estaremos haciendo crecer una burbuja burocrática judicial en la que sencillamente duplicamos el trabajo, sin que ello suponga necesariamente un cambio cualitativo positivo en nuestro sistema de justicia.

BIBLIOGRAFÍA

AA.VV. (2008): *Tribunales constitucionales y democracia*, México: Suprema Corte de Justicia de la Nación.

Aguiló Regla, Josep (2005): *La Constitución del Estado constitucional*, Perú-Bogotá: Palestra-Temis.

Alexy, Robert (1997): *Teoría de los derechos fundamentales*, Madrid: Centro de Estudios Constitucionales.

— (2005): *La institucionalización de la justicia*, Granada: Comares.

Atienza, Manuel (2006): *El Derecho como argumentación*, Barcelona: Ariel

— (2007): «Constitución y argumentación», *Anuario de Filosofía del Derecho*, 24.

— (2014): «Ni positivismo jurídico ni neoconstitucionalismo. Una defensa del constitucionalismo postpositivista», *Revista Argentina de Filosofía Jurídica*, Universidad Torcuato di Tella, vol. 15, 1, diciembre.

— (2013a): *Curso de argumentación jurídica*, Madrid: Trotta.

— (2013b) *Podemos hacer más. Otra forma de pensar el Derecho,* Madrid: Pasos Perdidos.

— (2021): *Escritos polémicos*, Lima: Palestra.

Bobbio, Norberto (1991): *El problema del positivismo jurídico*, México: Fontamara.

Bonorino, Pablo Raúl (2010): *Dworkin*, Lima: Ara Editores.

Comanducci, Paolo (2003): «Formas de (neo)constitucionalismo», en M. Carbonell (ed.), *Neoconstitucionalismo(s)*, Madrid: Trotta.

De Vega, Pedro (1985): *La reforma constitucional y el poder constituyente*, Madrid: Tecnos.

Ferrajoli, Luigi (1999): «Jueces y política», *Derechos y libertades. Revista del Instituto Bartolomé de las Casas*, año IV, 7, pp. 63-79.

— (2003): «Pasado y futuro del Estado de Derecho», en M. Carbonell (ed.). *Neoconstitucionalismo(s),* Trotta, Madrid.

Ferreres Comella, Víctor (2000): «Una defensa de la rigidez constitucional», *Doxa. Cuadernos de Filosofía del Derecho,* 23, Universidad de Alicante.

Fix Zamudio y Ferrer MacGregor (coords.) (2006): *El derecho de amparo en el mundo.* México: Porrúa-Konrad Adenauer.

Fix Zamudio, Héctor (2001): «La declaración general de inconstitucionalidad, la interpretación conforme y el juicio de amparo mexicano», *Revista del Instituto de la Judicatura Federal,* 8.

García de Enterría, Eduardo (1981): *La Constitución como norma,* Madrid: Civitas.

Guastini, Riccardo, *Distinguiendo. Estudios de teoría y metateoría del Derecho,* Gedisa, Barcelona, 1999, pp. 202-203. [Título original: (1996): *Distinguendo. Studi di teoria e metateoria del diritto,* Torino: Giappichelli].

— (2003): «La "constitucionalización" del ordenamiento jurídico: el caso italiano», en M. Carbonell (ed.), *Neoconstitucionalismo(s),* Madrid: Trotta.

— (2005): «¿Peculiaridades de la interpretación constitucional?», en E. Ferrer (coord.), *Interpretación constitucional,* México: Porrúa.

Laporta, Francisco (2009): «Certeza y predecibilidad de las relaciones jurídicas», en F. J. Laporta, J. Ruiz Manero y M. A. Rodilla (eds.), *Certeza y predecibilidad de las relaciones jurídicas,* Madrid: Fundación Coloquio Jurídico Europeo.

Lara Chagoyán, Roberto (2005): «Estado de interdicción, modelos de discapacidad e interpretación conforme», *Isonomía,* 42, abril.

— (2020): «La frontera móvil entre constitucionalidad y legalidad en la procedencia del amparo directo en revisión», *Cuestiones Constotucionales. Revista Mexicana de Derecho Constitucional,* núm. 43, IIJ-UNAM, pp. 97-127.

Nino, Carlos Santiago (1999): *Introducción al análisis del derecho,* Barcelona: Ariel.

Pou Giménez, Francisca (2014): «El nuevo amparo mexicano y la protección de los derechos: ¿ni tan nuevo ni tan protector?», *Anuario de Derechos Humanos,* Santiago: Centro de Derechos Humanos de la Facultad de Derecho de la Universidad de Chile.

Pozzolo, Susana (1988): «Neoconstitucionalismo y especificidad de la interpretación constitucional», *Doxa,* 21, vol. II, pp. 339-354.

Prieto Sanchís, Luis (2004): «El constitucionalismo de los derechos», *Revista Española de Derecho Constitucional,* año 24, 71, mayo-agosto.